从『数学帝』到剃头匠

发屋创始人汤建良

潘剑冰 著

图书在版编目(CIP)数据

从"数学帝"到剃头匠：Q发屋创始人汤建良/潘剑冰著.—哈尔滨：哈尔滨工业大学出版社，2020.8
 ISBN 978-7-5603-8805-2

Ⅰ.①从… Ⅱ.①潘… Ⅲ.①汤建良-生平事迹
Ⅳ.①K825.38

中国版本图书馆CIP数据核字(2020)第073784号

从"数学帝"到剃头匠——Q发屋创始人汤建良
CONG "SHUXUE DI" DAO TITOU JIANG—Q FAWU CHUANGSHI REN TANG JIANLIANG

策划编辑 李艳文 范业婷
责任编辑 孙 迪 那兰兰
装帧设计 屈 佳
出版发行 哈尔滨工业大学出版社
社　　址 哈尔滨市南岗区复华四道街10号 邮编150006
传　　真 0451-86414749
网　　址 http://hitpress.hit.edu.cn
印　　刷 哈尔滨市石桥印务有限公司
开　　本 710mm×1000mm 1/16 印张12.5 插页6 字数164千字
版　　次 2020年8月第1版 2020年8月第1次印刷
书　　号 ISBN 978-7-5603-8805-2
定　　价 58.00元

(如因印刷质量问题影响阅读，我社负责调换)

家干人生头等大事
到夫理尘世万缕情丝
功

1997年小学五年级

金溪县一中 2000 届初三（7）班毕业留影

2000.5.15

左起：
第四排：邓 敏　徐 进　邱小滨　胡 鑫　汪宗斌　余 辉　曾 威
　　　　李 super　张亮亮　胡 毅　马 勇　郑 军　周环东　黄 伟
　　　　陈 凯　张 凯　江 威
第三排：李歧继　黄灿辉　江剑波　石 聪　王 凯　周 敏　汤建良
　　　　唐 腾　王 鑫　暂仲顺　洪 燕　方 昊　吴少林　徐 平
　　　　熊 尉　周 星　李 胜　车 锋
第二排：刘文婷　李 芬　周莉薇　王 君　卜小燕　尔 琴　王 卢
　　　　当凤琴　黄赐秀　左佩玉　徐 俊　余君英　封 玲　黎 婷
　　　　郑 玲　戴海燕　徐静婧
第一排：邓老师　廖老师　胡老师　桑老师　邓校长　汪校长　辛校长
　　　　杨老师　吴书记　付主任　吴主任　高老师　丁老师

愿友谊天长地久

2000年初中毕业照

2002年高中时代,左一为汤建良

2003年高中毕业照,四排左九为汤建良

2003年录取通知书

2003年大一,在哈工大二校区

2006年大学同学合影，一排左三为汤建良

2007年"东北F4"在大连，右二为汤建良

2007年大学毕业

2009年11月18日，结婚照

2013年6月，在新加坡国立大学交流

2015年8月25日，Q发屋第一家门店开业

2015年9月，向股东描绘快剪未来

2016年创业创客大赛获奖证书

2015年在张掖徒步

2017年毕业十周年返校

2017年单人理发屋　　2017年普宁职校美发与形象设计专业揭牌

2017年与吴晓波在广州

2018年7月在西藏放飞自我

2018年获创业领袖奖

2019年大道至剪公司年会

2019年4月在母校金溪一中捐赠图书

2019年6月上海《创业英雄汇》海选　　　　　2019年11月《创业英雄汇》录制现场

2019年门店形象

2019年与老校长杨士勤在上海

2019年与宗庆后在北京

序言

潮平两岸阔,风正一帆悬。

作为中央广播电视总台唯一一档大型创业实战节目,《创业英雄汇》栏目已经步入第六个年头。期间,我们见证了中国创新创业的国家战略和发展进程,也有幸陪伴了许许多多创业者的成长。

这些创业者中,有科研达人、布衣草根、莘莘学子……他们凭借自己的智慧、勇气和创造力,克服重重困难和挑战,在不同领域里崭露头角、闪耀光芒。这位从"数学帝"到"剃头匠"的创业者汤建良就是其中之一。

在汤建良的身上,有着创业者共有的特质,也有着他自己独特的传奇经历。他已是而立之年、事业有成,本可在稳定的单位拿着高薪享受生活,却毅然白手起家、从"头"干起,用激情和梦想点亮了新的人生。这种敢于从零开始、百折不挠、勇于探索的精神,正是我们在接触很多创业者时,心灵深受触动的所在。

这位被称为"理发界数学学得最好的,数学界理发理得最棒的"人,在2015年转行成为一名剃头匠,在剪发的事业上,他还剪出了一套自己的"断舍离",给理发行业带来了"微创新"。

所谓"微创新",正是"以用户为中心",聚焦、专注于用户的痛点、需求,一点一滴为我们的生活带来改变和更好的体验。颠覆性的技术创新固然重要，但专注于身边亟待解决之事的微创新亦难能可贵。

　　天下难事，必作于易；天下大事，必作于细。微创新并不意味着就能一炮而红、一招制敌，却能"四两拨千斤"。微创新需要持续不断地贴近用户，了解用户的渴望，不断地调整，这就要求创业者有持续的微创新的能力，要有坚韧不拔的毅力。

　　去繁求简，回归理发最基本的需求，断绝客户不需要的一切服务，不推销、不办卡，只提供忙碌的都市人所需的修发、剪发服务，汤建良研发了"世界上最小的理发店"。舍去一切无效率的动作，取号、支付、排队，均可在线上完成。这位敢想的CEO还大胆设想了跨界合作的可能性——利用VR、AR智能技术，结合发型改造顾客形象。

　　路遥先生曾在《平凡的世界》里说过："其实我们每个人的生活都是一个世界，即使最平凡的人也要为他生活的那个世界而奋斗。"从"小"做起，以创业改变身边点滴，以创业让社会受益，勇往直前，脚踏实地，心无旁骛，用行动让生活变得更加美好。他用自己的坚持不断的微创新证明着他的信条：大道至简，利人利世。

　　最后，想用我写的一首歌《闪耀》中一段歌词与所有正在路上的创业者共勉："天地总有英雄气，让自己追寻的背影，闪耀在这奔腾的洪流中。"

中央广播电视总台《创业英雄汇》总制片人

引子

"我常常自诩,我是整个理发界,数学学得最好的;整个数学界,理发理得最棒的。"2019年11月15日,当Q发屋创始人汤建良站在中央电视台财经频道《创业英雄汇》栏目录制现场,满怀豪情地说出了这段事前已经背了500遍的台词时,回首自己创业的过往,仿佛走过了安徒生童话中那条光荣的荆棘路。一路荆棘相伴,伤痕累累,但终于穿越过去,看到春暖花开。

栏目录制现场,八位专业的投资人评委老师如法官一般"审判"起汤建良带来的快剪项目。万融资本董事长熊俊抛过来的问题最犀利:"从2015年到现在,你只融了一次资,说明投资人没有认可你。你为什么没有走出深圳呢?就是因为你这个模式太重了,太需要服务了,太需要管理了,然后你的毛利又很薄,所以你走不出深圳的。虽然你叫'快剪',但是你这是个慢项目。"

"有质疑是很正常的,有质疑至少说明投资人对我们这个项目非常感兴趣。如果他连质疑都不质疑了,那说明他就沉默了,对项目不感兴趣了。"经历了这么多挫折,汤建良现在的心态已经有了一种超越年龄的成熟,如风行水上,自在坦荡。

曾几何时,这个问题还是汤建良创业以来心中最大的痛点。三年前,他无限接近一次重要的融资,如果能够得到这笔资金,他自信公司现在的规模未必在最大的竞争对手之下,然而功败垂成。当时对方给的理由是,旗下基金对这种小企业投资兴趣不大。此后汤建良发愤图强,立志把公司做大做强。今天听了熊俊董事长一番话,汤建良恍然大悟,其实三年前那个投资人的顾虑,或许也正是今天熊俊所坦言的。

明白这个道理之后,汤建良似乎没那么遗憾了。"需要服务""需要管理""毛利很薄",这在投资人挑剔的眼光中都是缺点,但在汤建良眼里,它们却是公司最大的优点。四年多来,公司从无到有,由小到大,从最初的三间门店,到现在直营店数量超过200家,位居行业翘楚,每年服务近200万人次;平均算来,每100个深圳人中,就有1个人享受过来自Q发屋的服务。如果把Q发屋一年剪出来的头发都连在一起的话,可以绕地球赤道超过10圈。而这一切成绩的取得,最关键就是来自管理和服务的双管齐下,以管理塑造员工的服务精神,以服务赢得用户口碑,而用户口碑正是互联网时代一个企业的核心竞争力。

再说"毛利很薄",实际上这正是汤建良创办Q发屋的初心——让理发回归物美价廉,让理发变得更纯粹。如果追求更高的利润,那势必会再回到传统理发店那种"推销办卡"的套路中去。小米总裁雷军曾表示:"小米每年整体硬件业务,综合税后净利率不超过5%;如超过,我们将把超过5%的部分用合理的方式返还给小米用户。"汤建良坚信,让利于顾客不仅不会损害公司的利益,反而可以使公司得以快速发展。未来三年内,公司计划把店面拓展到1 000家以上,让更多人享受到更实惠更纯粹的理发服务。

目前Q发屋确实只有过一次融资,而且数额不多——区区100万。比起那些动辄千万的融资或许有点寒酸,但在汤建良看来,这不是可以用金钱计算的,因为情义无价。这次融资是中山大学管理学院2011级MBAPT3班的同学们给汤建良众筹的,股东名为"3班投资"。实际上,很多同学当初考察时并不看好只有三间门店的Q发屋,他们直言自己投的不是Q发屋,而是汤建良。试问,世界上无数的融资,有几个能像这样无关功利,直指人心?汤建良也没有辜负同学们的期待,他承诺把Q发屋做成百年企业,成为班级同学之间的情感纽带。

从北京参加完节目回到深圳以后,汤建良悄悄地在办公桌上的深圳地图旁边加了张中国地图。他有一个习惯,每次开一家新店,就会在地图中相应的位置插上一面旗帜,如今,深圳地图上已经遍布Q发屋的旗帜。未来汤建良还要把旗帜插满中国地图。如果有这么一天,熊俊对自己的质疑就无须解释;反之,辩驳又有何意义?

一直以来,汤建良都是一个行动胜于语言的人,这也是哈工大数学系毕业生们的共性。早在比亚迪工作的时候,汤建良就敢于跟那些科班出身的汽车工程师较劲,他默默画出图纸,完成了人生中第一个实用新型专利。这一次带到央视现场的移动理发箱,也是他实干精神的一个杰作。靠着这个从空姐那儿得到的灵感造出来的拉杆式移动理发箱,汤建良和他的团队已经成功地为深圳几乎所有的大型互联网公司上门服务过。

《创业英雄汇》是央视财经频道于2014年12月26日推出的首档大型青年创业实战公开课栏目。播出几年来,已经成为中国创业类节目的标杆，也是无数创业者梦寐以求登上的主流价值平台。回想起自己参加《创业英雄汇》海选的旅程，汤建良深信创业之路上自己虽然起点不高，但始终有好运相伴。

能够登上《创业英雄汇》，汤建良最感恩的是母校哈尔滨工业大学。2020年6月7日，哈工大迎来百年校庆，校庆前夕组织各地校友参加《创业英雄汇》哈工大站海选，是哈工大校友创业商学院向母校百年华诞献礼的重要活动。当海选在哈工大深圳校友会举办的时候，有个项目因故退出，事发突然，组委会的朋友看到Q发屋虽然属于理发行业，但结合了互联网思维，很有意思，便邀请汤建良来"凑个数"。汤建良对母校的事情向来热心，也乐于做这个"差额选举"中的差额，便不管不顾地跑来了，拿着剃头刀跟人家一大堆声光电色看起来高深莫测的项目比拼，还用一段高傲的宣传语为自己打气：在哈工大百年校史上，出过科研巨匠、治国栋梁，也能出百年一遇的剃头匠，哈工大人既能把卫星送上天，也能把头发剪落地！

深圳赛区的比拼，总共产生了6个一等奖，汤建良带去的快剪获得二等奖，排名第七。这个结果让他有点喜忧参半，喜的是成绩超过了自己的预期，忧的是离晋级只有咫尺之遥。没想到，或许真的是哈工大比较缺少快剪这样接地气的项目，评委对快剪和另外一个落选的项目特别感兴趣，把晋级下一轮的名额扩容了，本来是6个项目晋级，扩成了6+2。

第一轮比赛中，来自全国各地的45个项目从500余个哈工大校友的创业项目中脱颖而出，于2019年9月24日在上海展开第二轮角逐。比赛时，45个项目分成三个小组，每组15个项目，取前7名进入21

强，参加之后的复赛。汤建良以小组第七名涉险过关，但他所在的第三小组有两个项目未能及时赶到，自动弃权，实际上成了13取7。事后，汤建良听说没来的两个项目实力超群，要是来一个的话，自己就没戏了，大呼幸运。

或许是受到上午幸运晋级的激励，9月24日下午21进12的比赛中，汤建良信心大涨，发挥出色，以第七名的成绩，获得参加9月25日12强赛总决选的资格。总决选是几轮比赛中最精彩也是最惨烈的，12强当中只有3个项目可以晋级，获得登陆中央电视台财经频道《创业英雄汇》的机会，届时央视栏目组的导演也会亲临现场。

原本以为自己只是"陪太子读书"的，竟然可以进入总决选，汤建良志得意满，彻底放下了包袱。或许正源于此，他发挥上佳，一举杀入了前三，获得一等奖，成功直通央视舞台。

一只丑小鸭，竟成白天鹅，而且一飞冲天。汤建良后来分析自己成功入选的原因，觉得有可能是自己说了这样一句话打动了评委：创业者是孤独的，我们要在不断地孤独前行中呐喊出自己的力量！当年汤建良在哈工大上第一堂课时，解析几何老师徐阳对大家说："选择了数学，就等于选择了孤独与寂寞。"这句话，汤建良一直记在心里，上面那句话就是由此演变而来的。没想到，母校的第一堂课就可以让自己受益终身！

作为一个先后毕业于哈工大数学系和中山大学MBA的汽车行业高管，突然间抛弃光鲜的工作、优厚的待遇，跑去当起剃头匠，汤建良创业这一路确实是"不断地孤独前行"。那天，他从《创业英雄汇》现场下来之后，最大的收获不是得到了800万意向投资，而是母亲的一句话："儿子,我为你骄傲!"创业伊始,母亲就持反对态度,但今天她完全释怀了,她以儿子为荣。同样,汤建良听到了这句话,也觉得自己过去四年多经历的一切都是值得的!

目 录

1 / 家乡风物

秋天一来，黄栀子渐渐成熟。汤建良也开始频繁往山上跑，采下来黄栀子，用筐背下来，可以拿到市场上去卖，以贴补家用。

儿时岁月亦戏亦勤 / 3
家乡文化润物无声 / 7

2 / 少年自强

13岁的汤建良咬牙对躺在棺材里的父亲说："我一定会努力的，不会让你失望的。"这句话，汤建良时刻记在心里，后来他说："如果说我真的懂事了，应该就是从那一刻开始的。"在场的人们看到了这一幕，都叹息着说，这孩子将来一定有出息！

家里干起了个体户 / 15
成了全家人的希望 / 19
突然遭遇丧父剧变 / 23
萌生理发原始念头 / 28
书剑情怀少年意气 / 32
填报志愿的悲喜剧 / 36

3 / 求学冰城

开学后上的第一堂课是徐阳老师的解析几何。徐老师上课时说的一句话给了汤建良极大的震撼,她说:"选择了数学,就等于选择了孤独与寂寞。"当时徐阳讲完这句话之后,正在听课的詹青同学突然因为身体不适晕了过去。若干年后,这句话的冲击力依然让同学们难忘。

初上北国走进冰城 / 41

本科时期学业沉浮 / 45

课外活动丰富多彩 / 51

生活见证工大规格 / 57

职业志趣转向管理 / 61

知行合一穷游东北 / 66

哈工大四年启示录 / 72

4 / 八年志"汽"

相对学识和能力的增长,汤建良觉得三年MBA生涯,对自己更大的影响是性格上的改变。以前他沉闷有余,开放不足,读了MBA之后,才开始变得大开大合,敢想敢做,整个人焕然一新。以前他总是在旁边笑,现在他喜欢在丛中笑,学会了抢占C位。

比亚迪汽车工程师 / 81

西安邂逅终身伴侣 / 86

危机中寻找新出路 / 91

不懂沟通后果严重 / 96

大昌行的额外收获 / 101

长安市上踏雪从龙 / 108

中山大学磨砺以须 / 113

温暖可爱奇葩3班 / 119

5 / 大道至"剪"

突然间,一个身影冲出雨棚,直奔停车场方向,跑出20米开外,他才回头冲大家喊道:"我去取车,你们在这儿等我!"不用说,这个人就是汤建良。大家看着这略带悲壮的一幕,心里都十分感动,员工们齐夸他"责任感淋漓尽致",区域负责人邹迈更是赞叹:"前面是一位愿意冒着大雨跑两三公里取车接员工的老板,我想大家都没有上错船。"

创办Q发屋之缘起 / 127

狮城港岛取经归来 / 130

断舍离开启创业路 / 135

创业初的艰难困苦 / 141

同学众筹倾情入股 / 145

理发科技双剑合一 / 149

微创新多元化之路 / 153

上门服务轻骑出动 / 158

经历创业最大危机 / 164

员工心中的好老板 / 171

未来的愿景与使命 / 178

后记 / 185

家乡风物

秋天一来,黄栀子渐渐成熟。汤建良也开始频繁往山上跑,采下来黄栀子,用筐背下来,可以拿到市场上去卖,以贴补家用。

儿时岁月亦戏亦勤

2015年2月22日，江西抚州金溪县浒湾镇湾溪汤家村汤氏宗祠祠堂竣工，举行上梁仪式暨祠堂落成仪式。当地祠堂上梁仪式有一个重要的环节，就是从族中选出两个人扛着木梁绕着村子巡游一圈。这可是一个崇高的荣誉，能扛梁的必须是栋梁之材，以前都是科举出身饱读诗书的人才有资格担任。而今与时俱进，按修建祠堂时捐款数额来评选。这一次被族人选出来的扛梁青年之一正是汤建良，由于他毕业于哈尔滨工业大学，至今仍是族人眼中最有学识的青年。受族人一致推选，他义不容辞扛起了梁，风风光光巡游全村。

1985年7月1日，农历五月十四，汤建良在湾溪汤家村呱呱坠地。他名中最后的"良"字，乃汤家族谱排行。这个小男孩的降临让父母欣喜若狂，此前家里已经有了两个姐姐，分别比他大两岁和一岁。抚州人素有重情义、重传统的淳朴民风，当然也或多或少有重男轻女现象，农村地区尤其严重。因此，作为家里的第一个男丁，汤建良一出生就是父母的宠儿，家里的资源优先向他倾斜，可谓万千宠爱于一身。

早在南宋，汤建良的老家浒湾已经聚集了许多逐水草而居的人们，形成了集市和村落，距今已有上千年历史。浒湾镇紧傍抚河北岸，迁徙来此的民众临河而居，在河边约3平方公里的船形河洲高地之上繁衍生息。前濒渡口、后通驿道，依靠便利的交通逐渐形成了商贾往来、舟车云集的繁华市景。

汤建良的祖上曾经也是浒湾有名的大地主，但到了汤建良的曾祖父辈，家道中落，逐渐从养尊处优的地主转型为光荣的贫下中农。汤建良幼年时，父母以种植水稻和蔬菜为生。在浒湾这样山水形胜的地方种田，未免让现在很多人产生浪漫的遐想，日出而作日落而息，累时吼两嗓子田园牧歌，闲时悠然眺望远处的灵谷峰。

遗憾的是，这种场景只存在于想象当中，在食指众多的农村家庭，孩子们从小就要接受父母的劳动教育，参与到繁重的农活中。汤家兄弟姐妹四个，汤建良虽然是家里的宠儿，却也没有娇生惯养，照样要到地里劳作，当然比起两个姐姐来，他还是受到优待的。

除了帮家里干活外，汤建良小时候还常进行"劳务输出"，到外面赚外快贴补家用。他打工的主要地点是离家一公里半之外的疏山寺，寺院有几百亩寺田，每到农忙时节他就要帮人插秧、种稻谷，这样劳作一天下来可以赚到1块钱。这个数字放在今天虽然很不起眼，但在那年头还是能买不少东西的，对于一个小孩子更是高额收入了。

疏山古刹始建于唐朝，历史遗迹众多，自唐僖宗御笔书"敕建疏山寺"后，宋代帝王中的宋太宗、真宗、仁宗皆御赐寺额，香火不断，海内驰名。苍松翠柏，绿树成荫；青竹繁茂，奇花似锦；疏山八景，宛如人间仙境。难怪北宋散文大家曾巩一游后情不自禁地留下"曾了功名须到此，长依荷芰向秋风"的慨叹。历来文人墨客到此吟咏者不计其数，除了抚州本地的名人外,在陆游等外地大诗人的诗集中,我们也能发现关于疏山寺的诗句。

汤建良由亲戚介绍,到疏山寺劳作,这使他积攒了人生中第一桶金。而考虑到疏山寺原来的名字,汤建良人生中的第一份工作就更意义非凡了。唐宣宗大中元年(847),后唐官员何仙舟看到这边风景独好,遂隐居在此,筑庐读书,斋名"仙舟书堂",现存有书堂遗址。疏山原名"书山",建寺后方改"书"为"疏"。"书山有路勤为径",汤建良人生的第一份工作以勤而始,也启发着他人生之路必须不忘初心,这也许是他学习、工作、创业过程中能始终勤奋不息、乐此不疲的原动力。

出生于20世纪80年代的农村家庭,汤建良这一代的孩子大部分都有过田地里"劳其筋骨"的经历,只是随着生活水平的逐步提高,他们已经渐渐摆脱了上一辈经常"饿其体肤"的日子。虽然田野里的劳作枯燥而辛苦,但是在泥地里摸爬滚打中长大,与大自然为伍,上山捉鸟,下水摸鱼,秋观飞雁,夏闻鸣蝉,自由、野性而又充满生命力,这是现在都市里被高楼大厦禁锢的孩子们所歆羡而难以企及的。

一出汤建良家,门口就是一条蜿蜒的小河。小河成了汤建良小时候的精神乐园。正当贪玩和好奇的年龄,下水捕鱼摸虾不过是日常娱乐活动。这应该也是那个年代许多河边长大的孩子共同的记忆,当然往往也是共同的感伤,因为现在普遍河不清了,鱼也没了。

夏天一到,汤建良就呼朋唤友,几乎天天泡在河里游泳,嬉戏打闹。汤建良这一代的江西农村孩子,很多都是家里兄弟姐妹好几个,跑去河里戏水,父母一般也不在意。很多人都是无师自通,在河里或者小水沟里学会了游泳,游泳的姿势也五花八门,什么狗刨式、蛙泳式,只要能够游起来就行。现在的小孩成长环境比较好，家长安全意识很强，这样的"盛景"已经不复存在了。有一年发大水，汤建良照样和小伙伴们到河里去游泳，这可把他爷爷吓坏了，好在有惊无险。

除了下水，汤建良也常上山。他们那儿的山上有一种野果叫黄栀子，黄栀子的药用价值很高，具有清热、泻火、凉血的功效。秋天一来，黄栀子渐渐成熟，汤建良也频繁往山上跑，采下黄栀子，用筐背下来，可以拿到市场上去卖，以贴补家用。

顺着汤建良家门口的这条小河，往前走一段就是波澜壮阔的抚河。抚河虽然名为安抚的"抚"，可一点都不温柔，历史上抚河洪水频发，沿河布满决堤遗迹。汤建良小时候，抚河几乎每年都会发一次洪水，但那里的人们都习以为常了，大家还会撑着竹筏到河里边，去水大的地方捞西瓜，有点乐在其中的感觉。常常面对忧患，使那里的人们养成了一种乐观淡定的性格。

家乡文化润物无声

当然，除了成长的年代，也不能忽视汤建良成长的环境。

俗话说"一方水土养一方人"，当然人人都夸家乡好，不过排除主观上的故土情结，各地客观上的区别还是不小的。汤建良无疑是幸运的，从小生活在一个将自然风光与人文底蕴完美结合的地方。他的家乡，不仅风光优美，更是人文荟萃、俊采星驰。自古以来，这里的人们对于读书和教育都倾注了极大的热情，书香门第层出不穷，名家大儒不断涌现。

浒湾镇隶属于抚州市金溪县。抚州"襟领江湖，控带闽粤"，用物华天宝、人杰地灵来形容一点都不为过，自古号称"才子之乡""文化之邦"，出现了王安石、汤显祖、曾巩、晏殊、晏几道、陆象山、谢逸等许多的文人墨客，光"唐宋八大家"就占了两位。浓郁的文化气息就连年少轻狂的王勃也为之折腰，在《滕王阁序》里盛赞："邺水朱华，光照临川之笔。"即使放在今天，抚州的教育质量也是闻名遐迩的，临川以历年辉煌的高考成绩，每年都吸引了无数的外地学子纷至沓来，形成著名的"临川现象"。

金溪县位于抚河中游,据云历史上曾出金产银,因山间溪水色泽如金而得名。但到了明清以后,去金溪已经不能淘金,只能淘书了,此时金溪的土特产已经不是金银,而是书籍了,正所谓"临川才子金溪书"是也。不知道是不是参透了"遗子黄金满籝,不如教子一经"的古训,这个曾经出产金银的地方并不盛产富商巨贾,反而是书生意气占据了主流。据统计,自有科举制度以来,金溪共224人考中进士,更是出过两位进士中的"战斗机"——状元,大明王朝第一个状元吴伯宗就是金溪人,到了清朝康熙年间又出了状元陆肯堂。另外,金溪还出过两位榜眼,合起来正好四个"大小王"齐全,这副科举"王炸"组合足以让金溪在国内独领风骚。

家乡风物之盛,让汤建良从小亦引以为豪。"哲人日已远,典刑在夙昔",虽不能至,心向往之,家乡先贤们的道德文章给成长路上的汤建良提供了不小的精神助推力。1994年,金溪县为了庆祝建县1 000周年,出版了一套介绍乡贤的丛书,正是这套书让汤建良对于家乡史上一号风云人物陆九渊有了深刻的认知,并对其极其崇拜。

陆九渊,南宋时与朱熹比肩而立的理学大师,因讲学于象山书院,世人又称其为陆象山。其理学又称"心学",后为明代大儒王阳明继承发展,形成了哲学史上著名的"陆王学派"。

尽管如此,早年陆九渊三个字在汤建良心中还只是一个模糊粗浅的概念,只知道这是家乡最了不起的人物,对他充满敬仰。几年以后,已经就读初三的汤建良特地和弟弟从家里出发,骑着自行车由西向东长途跋涉穿越金溪,到位于陆坊乡桥上村以北的青田院山祭扫陆九渊墓。

彼时,文物保护的意识远没有今天这样深入人心,虽然陆九渊墓几十年前就被列为"江西省文物保护单位",但半个世纪以来徒有其名,一代大儒只能淹没在荒烟蔓草之间。只有那墓前明代立的两个石柱上的对联,默默地诉说着象山哲学的精髓:学苟知本六经皆注脚,事属份内千圣有同心。拜谒陆九渊这样具有独立精神和创新思想的百世大儒,对于即将升入高中的少年汤建良来说,无疑是成长路上一次重要的精神洗礼。

到了高一,汤建良的新家正好位于金溪县城仰山路上,这条路得名于一个书院,即仰山书院。书院就是以前的高等学府。在有名无实的官学和散兵游勇的私学之外,独树一帜的书院成了科举时代教育的一股清流。仰山书院更是人才辈出,大明王朝第一位状元吴伯宗便是书院培育的优秀学子。

那时,仰山书院还没有像今天一样被保护起来,可以随意进出,由于年久失修,这里已经显现出破败的气息,可以像鲁迅的三味书屋一样捉蛇虫了。汤建良不时进出于书院,读书写作业,不亦乐乎。他还没意识到,自己脚踩的每一寸土地,都是思想的沃土。

仰山书院的前身为南宋所建的崇正书院,朱熹和陆九渊两位当世最顶尖的思想家,曾经在鹅湖书院和白鹿洞书院展开两场火星撞地球般的思想对决。胜负未分,彼此惺惺相惜,之后在陆九渊的邀请下,朱熹来到崇正书院,日日与陆九渊兄弟几人开课讲学、相互辩难。后来人们改崇正书院为仰山书院,源于《诗经》"高山仰止,景行行止"之句,因陆九渊又名陆象山,以仰山为名,借此表达对陆九渊的敬仰之情。

9岁这年,汤建良第一次从书中读到了陆九渊的传世名言——"宇宙便是吾心,吾心便是宇宙",那时他根本理解不了这句话真正的含义。此后,年岁渐长、经历了家庭剧变的汤建良才渐渐意识到话中蕴含着的丰富内涵：我们与宇宙万物本为一体，万事万物、圣人之道本就在我们心中。一个人的内心就仿佛是一面镜子，你想到什么，镜子里就现出什么，如影随形！换句话说，你现在的心是什么样的，日后就会拥有什么样的命运！我命由我不由天，每个人的命运都是由自己内心主宰的，强弱在我，而非他物。可以说，汤建良日后成长和奋斗的经历，也在某种程度上印证了陆九渊话中的真谛。

除了陆九渊，金溪还有一个很出名的人物，就是王安石《伤仲永》中提到的"金溪民方仲永"。只不过，一直以来被金溪的老师和家长拿来当反面教材罢了。

要论"临川才子金溪书"，汤建良生于斯长于斯歌哭于斯的浒湾镇正是"金溪刻书"这个金字品牌的核心腹地，现在叫CBD。谈到中国古代印刷术，"浒湾"这两个字是绕不过的。

明中期后，由于盱江的改道，浒湾由一个普通的村落一跃而成繁华的港口市镇，原本面朝黄土背朝天的浒湾人纷纷抛弃第一产业，投身第三产业。由于这一带人文荟萃，考试产业链完善，图书需求量巨大，外地的书商看到商机纷纷抢滩登陆，使图书贸易迅速崛起，成为这里的支柱产业。在鼎盛时期，浒湾镇有书房堂60余家，雕刻匠人千人以上，并建立起纸张生产、竹木贸易、书木策划、雕刻印刷等全套产业链，相关从业人员多达数千。浒湾图书产业兴盛长达二三百年，与北京、武汉、福建并称为清代四大刻书中心。

光阴荏苒，随着现代印刷技术的出现，铅版活字印刷术逐渐退出历史舞台，浒湾古镇也由盛转衰，从绚烂至极归于平淡，昔日嘈杂的市集逐渐门前冷落鞍马稀。但明清时期形成的雕版印刷作坊最为集中的两条完整的老街——前后书铺街，历经磨难，渡尽劫波，得以存续至今。

虽然早已物是人非、人去店空，但是历经两三百年的书香熏染，走在街上，似乎依然能够闻到油墨的芳香，就如一把养了很多年的紫砂壶，即使倒进去的是白开水，也会有茶香溢出。

小时候的汤建良不知多少次穿越这两条老街，感受着历经岁月聚合的书香，作为土生土长的浒湾人，他和老街自然而然多了一份心有灵犀。在这个遍布数码产品的时代，活字印刷似乎更像一种近乎被遗忘的技术，存于传说里，但铅字独特的触感和厚重，却是电脑排版打印出来的文字永远难以望其项背的。

如果时光可以倒流，汤建良在穿越书铺老街时，或许会看到汤显祖和一帮文人雅士站在书肆里面或者聚精会神地翻阅纸张，或者眉飞色舞地和书商们讨论着版本。古代的书商往往兼具学者身份，不仅精通目录学、版本学，而且很多人在售书的同时自己也藏书，胸中藏着万卷诗书，他们很好地成了顾客们选购图书的知己乃至导师。可以设想，古代的书商就是儒商的最佳代表，因书而兴的浒湾也随之成了儒商文化的典型之一，而这种源远流长的儒商文化，也在许多像汤建良这样日后转型从商的浒湾人身上深深地打下了烙印。

多年之后，汤建良定居深圳，从抚河边来到南海滨，犹如河流归于大海，他的眼界和胸怀自然也远非当初可比，但是地理距离远了，心理距离反而近了，家乡的河流仍然时刻在他的心中澎湃奔腾，给他前行的动力。

少年自强

　　13岁的汤建良咬牙对躺在棺材里的父亲说:"我一定会努力的,不会让你失望的。"这句话,汤建良时刻记在心里,后来他说:"如果说我真的懂事了,应该就是从那一刻开始的。"在场的人们看到了这一幕,都叹息着说,这孩子将来一定有出息!

家里干起了个体户

汤建良5岁的时候,时代翻开了新的篇章,来到了1990年。20世纪90年代,中国的开放力度由沿海城市延伸到内陆城市,社会主义市场经济在国内全面开花。相对于沿海,地处江西农村的浒湾对于改革开放的春风是后知后觉的,而汤建良的父亲则是这批后知后觉者中第一个"吃螃蟹"的。

当沿海地区的个体经济之火已成燎原之势,浒湾仍然一派田园牧歌的景象,村民们靠天吃饭,一家种两季水稻,如果不发大水,就可以解决温饱问题;如果有一季发大水,收成不好,就很可能陷入挨饿的境地。

1992年,中国改革开放的总设计师邓小平发表南方谈话,华夏大地由此进入了社会主义市场经济。至今汤建良还记得7岁那年在电视上看到邓小平讲话的画面,但他当时肯定不会意识到,这个场景将给汤家特别是自己的命运带来巨大的改变。这一年风调雨顺,收成很好,汤建良的父亲种了一季水稻之后,家里囤的大米已经足够一家老小吃一年了,他对着满仓白花花的大米发出了感叹："要是可以不用种下一季水稻就好了！"

汤父没有想到自己这一句"芝麻开门"式的许愿，没过多久真的应验了！这一年，他终于弃农从商，干上了村里第一个个体户。作为农民首先能想到的生意，当然也是跟农产品有关。汤家所干的行业就是在村里收购农产品，主要是瓜菜之类，然后运送到县城里贩卖。以前农民家的孩子都是当半个劳动力使用的，收购时往往全家总动员，孩子也跟着大人去，只是分配一些相对轻松的任务。

汤建良最乐意干的是收购韭菜花，这活儿不仅轻松，而且利润还高。"夜雨剪春韭，新炊间黄粱"，这是杜甫《赠卫八处士》中描述老友卫八招待自己的佳肴，香喷喷的黄米饭配上新摘的鲜辣的韭菜花，味道好极了！在那个食物还不丰盛的年代，农民们到地里干活，都要抽空在地边采一小把野韭菜花，为家里的饭菜增添点独特的风味。韭菜花不仅营养丰富、香甜脆嫩，还富含各种微量元素，具有较高的药用价值，再加上它有季节性，采花期短，不采很快就老去，因此不愁销路。只是那时韭菜花还没有大规模种植，一户人家可能都很难存有一斤两斤的韭菜花，汤建良必须提着筐一户户地去收购，才能积少成多。洁白的韭菜花，摇曳出汤建良五彩的童年。

农产品收购完成之后，就要尽快送到城里去卖。汤家最初的运输方式最节能环保，绝对低碳无污染。汤父骑着自行车，自行车后座上放条担子，担子两边各放一个筐，筐里装着收上来的农货，送往镇里。那时的自行车绝不偷工减料，做工精良，质量杠杠的！就这样在崎岖的山路上颠簸了三年，居然没有散架。到了镇里，再换乘班车去往县城。

在那个自给自足的年代，农民们普遍安土重迁、足不出村。家里经商之后，汤建良才生平头一回跟着父亲到了县城，这一次的经历让汤建良大开眼界，他第一次在市场上见到了苹果。不是希腊传说中的金苹果，也不是砸在牛顿头上的英国苹果，更不是被乔布斯咬过的美国苹果，而是实实在在的苹果！可这对于只有7岁的小汤同学来说已经是巨大的惊喜。苹果，终于从传说中来到了他的现实生活中。汤建良睁眼看外面的世界，便是从一个小小的苹果开始的。

村里收购，县里贩卖，这样赚取差价的利润是30%左右。但由于生鲜损耗大，扣去损耗后，就剩下了10%左右的利润。虽然并不是暴利行业，但是比起种田那可真是强多了，家里的生活水平很快有了质的变化。

多年以后，汤建良在中山大学读MBA，组织行为学老师吴能全教授总结的"五桶金理论"让他产生了强烈的共鸣："20世纪80年代——胆识和机会——那时候胆子大就能赚钱、就能成功；20世纪90年代——权力和关系——这时候头啖汤没了，单靠胆子大已经不行了，还要有关系；21世纪初——分配管理——这时候管的是事不是人，靠制度、流程；21世纪20年代——知识管理——这时候管的是人，把人的潜能最大化发挥，然后迅速传播，把隐性知识（个人成功的经验、创新的模式、方法等）有效地显性化（推广）；21世纪30年代——文化管理——形成一种企业文化，认同感和归属感。"

这些理论可能对沿海城市更实用，由于处于内陆，江西的节拍比沿海明显慢了一拍，因此汤建良的父亲仍然有幸抓住了那个"胆子大就能赚钱、就能成功"的时代际遇，靠着自己的胆识和勤劳成为村里最先富起来的人。

家里有钱之后，汤父做的第一件大事就是让儿子从村里的小学转到县里的小学。汤建良的姨父在县城小学上班，三姨在学校开了唯一的小卖部。靠着姨父的推荐，再加上交了一笔价格不菲的借读费，转学很快就办成了。这是汤建良一生命运的转折点，也是汤父人生中第一次感到如此扬眉吐气！

汤建良的父亲只上到小学二年级便辍学了，作为20世纪60年代出生的人，这样的情况在他那一辈人中比比皆是，如果放在国内其他地方可能根本不值一提。不幸的是，在汤建良的老家，文化程度低却如同光头上的伤疤一样，经常被人拿来揭短。有一次，汤父竟然被隔壁高中毕业的村民指着鼻子说："你个文盲，怎么能跟我在一起说话！"这件事被汤父视为奇耻大辱，改变自己已经不可能了，那就改变下一代！汤建良作为家里的长子自然被父亲寄予了最大的期望。20世纪90年代的大学生还是天之骄子，汤父下定决心，必须让儿子成为一个有文化的人，长大后成为让人羡慕的大学生！

这一年是1993年，汤建良只在村里上了一年小学便转到县城的秀谷一小，插班读二年级。秀谷一小是一所始建于1902年的名校，教育质量当然远非乡下小学可比，学习风气更是远胜于原来的学校，这让好学的汤建良如鱼得水。农村学生到县城读书如今已经司空见惯，但是在那个年代却是凤毛麟角。由于花费巨大，即使是汤家这样已经相对富裕的家庭也只能负担一个孩子进城，兄弟姐妹四人当中只有汤建良享受了这种待遇。可以说，从那时起，汤建良就成了全家的希望。

成了全家人的希望

在县城读小学的时候，汤建良与父亲一起居住在一间出租屋里。父亲做的是蔬菜批发商，在农贸市场租了个铺位。蔬菜批发商是中国个体户中最辛苦的一类人，父亲每天天不亮就要赶早去进货和贩卖了，四五点钟就要离开家。因此，汤建良每天五点钟的时候就会起床，洗漱，吃早饭，这也促使他从小养成了自律的习惯。

蔬菜属于生鲜类，隔天不新鲜了就会降价，卖菜人要时刻守着摊位，把菜尽早卖出去以便回本。父亲一个人看铺子，生意繁忙，没有时间照顾汤建良。于是，小汤同学从小学二年级开始便自己煮饭炒菜，刷碟洗碗，厨艺与日俱增。后来他开玩笑说自己家中"大厨"的地位就是那时候开始确立的。

父亲早上出门之后，汤建良一个人在家里也待不住，吃完饭早早就出门去学校了，常常是六点钟不到就到学校了。于是，汤建良也成了秀谷一小那个看门老头最熟悉的陌生人，常常汤建良到校的时候，看门老头才刚刚起床，睡眼惺忪地给他开门。

汤建良刚到县城读书的时候,难免也会感到孤独和寂寞,和周遭的环境格格不入,毕竟那时农村进城读书的孩子太少了。

有时,汤建良也会刻意保护自己的自尊心。学校开运动会时,老师让班里的同学积极报名,问大家有没有参加过运动会。班里的孩子几乎都是来自县城的,有的从幼儿园开始就参加运动会了,汤建良见同学们个个参加过运动会,不甘示弱,忙告诉老师自己村里面的小学也有运动会。实际上压根没这回事。以前村小那些孩子格外淘气,经常玩耍受伤,考虑到安全因素,学校和老师对开运动会都比较谨慎,能不开则不开。再说,很多村小连个跑道都没有,想开运动会也开不成。好在老师不会派人下乡调查,汤建良并没有露馅儿。

其实,当时就算是县里面的小学,条件往往也非常有限。汤建良在秀谷一小度过了一个"有趣的"学期,那个学期因为学校的教育资源比较紧张,学生们不得不实行错时上课,今天上午上学,下午和第二天上午暂停,到了第二天下午再上学。

还有一件事似乎也能说明学校的困窘。当时政府对教育的投入远没有今天这么大,有的学校会组织学生参加一些集体勤工俭学活动,既让学生接受劳动教育,又给学校增加了一些办学经费。汤建良在小学读到四年级以后,每年春季都要由学校组织到国营华侨农场帮忙采茶,这样的活动从小学高年级贯穿到初中。按照现在的说法,这叫社会实践,不过比起今天来,那一代学生的社会实践强度可大多了!

那时候孩子们都很独立,学校雇一辆车把人拉过去,就让孩子们在上面的茶山采茶,老师在一旁监工。学生们每人披一个斗篷,穿件雨衣,拿个篮子,穿梭于一垄一垄的茶树之间,用手把茶叶的芽尖掐下来,放在篮子里。芽尖很少,有的学生一天只能采个五六两,而像汤建良这样自幼干农活的好手最多也就采两三斤。学校每天有规定任务，比如每个同学一天要采一斤，量不够的还得自己掏钱贴补。于是，超额完成任务的学生便可以把自己多的份额卖给份额不够的同学，这种事儿汤建良可没少干！

对于渴望赚一些零花钱弄个小金库的学生来说，茶山是他们勤工俭学的好地方。当时孩子们的家庭作业没有今天这么多，周末也不需要参加各种补课或者兴趣班，汤建良和他的同学有空就到茶山去采茶卖给茶叶厂，一天劳动下来可以赚到一块钱，用来购买学习用品或者零食。

汤建良在学校的尴尬处境并没有持续多久，很快他便用成绩为自己正名了，他成了班里的学霸，让大家刮目相看。自从汤建良插班进来后，以前班里的第一名就只能去竞争第二名了。在数学科目上，汤建良更是初步展现了自己的天赋，一个小时的考试，他可能20分钟到30分钟就做完交卷了。

因此，数学老师支钱根对汤建良青睐有加，三年级的时候，就开始给他讲奥数了。下午四点钟，别的同学放学回家，汤建良和其他几个数学学得比较好的同学留下来，老师会在黑板上抄几道奥数题让他们做，做完后再根据答题情况讲解，每次一两个小时。令人感动的是，老师额外的付出完全是义务的，不收取任何报酬。老师的品格素养令人肃然起敬。后来汤建良上大学前办了一个谢师宴，特地将支老师请了过来。

在秀谷小学，汤建良第一次看到了电话。电话装在校长室，汤建良对这部电话煞是着迷，经常溜到校长室门口，像特务一样偷看别人打电话。有一次，他还趁着没有人的时候偷偷地按了一下，然后就跑开了。这一次偷按电话键，大概是汤建良人生中第一次和科学的亲密接触。

周末和节假日休息的时候，汤建良常到农贸市场帮爸爸卖菜。为了赶上早上卖菜，蔬菜批发都是在半夜进行，同龄人在梦乡酣睡的时候，汤建良就和爸爸出来了，10岁不到的他已经成了父亲得力的小帮手。清晨的农贸市场，吆喝声、汽车喇叭声、货物落地发出的沉闷声响相互交织，汤建良就在这样的环境中熟练地卖菜、收钱、招呼顾客。学校里所学的数学知识也在这时派上了用场。那会儿还没有计算器，汤建良成了父亲的"小会计"，一眨眼的工夫就可以把菜价算出来，让顾客们啧啧称叹。而这样的经历也锻炼了汤建良的心算能力，一举两得。

虽然卖菜又脏又累，但想到能给家人提供衣食无忧的生活，汤建良还是乐此不疲。有时在菜摊上会碰到来买菜的老师、同学，汤建良并不会害羞自卑，他会发挥"东道主"精神，收个成本价，临走还不忘多给老师或同学塞上一些瓜果蔬菜。直到上了高中以后，由于学业繁忙，汤建良才没有去菜市场帮忙。

出租屋没有电视可以看，汤建良闲暇的时候也会和周围的小伙伴们玩游戏。他最擅长玩一种用扑克牌"巧算24点"的游戏，就是拿出四张扑克牌用加减乘除算出得数24，只要能算出来的，汤建良3秒之内必定能解出，在朋友圈内号称"神算子"。直到现在，汤建良还经常和自己的孩子们玩这种游戏。此外，那时候金溪县城有一个无线电厂，汤建良经常会去那儿搜寻一些废弃的边角料，组装一些小玩意儿玩，这是他第一次干"工程师"的活儿。

突然遭遇丧父剧变

家里干了三年的个体户之后，财富值突飞猛进。1995年，父亲花了3 000元买了一辆建设牌摩托车。那时候，开一辆摩托车比现在开一辆轿车还风光，那是有钱人才能拥有的奢侈品。要知道，当年金溪县城的商品房也就300元每平方米。当汤父开着崭新的摩托车从村里经过时，轰隆隆的马达声引来了众多围观的村民，人们纷纷投以羡慕的目光，这种感觉别提多惬意了！从此，这个宁静的乡村里，大家所向往的不再是"哒哒的马蹄声"，而是"隆隆的马达声"。

摩托车的到来给父亲气质上带来的改变，就连年幼的汤建良都可以清晰地感受到。有一次父亲骑摩托车载着他和母亲从县城回家，走了大概20公里的路，到了村口的时候，父亲给人家递烟，脸上情不自禁流露出的那种自豪的神情，让汤建良许多年后仍然记忆犹新。

因此这份自豪，到了孩子们这里又被放大了——对这个新成员的到来欢欣雀跃。每一次父亲回家的时候，到了离家2公里左右的距离，轰隆隆的马达声就会从远处传来，这个时候孩子们就手舞足蹈地跑出来迎接。由于家里的房子有台阶，兄弟姐妹们就会准备好木板，摆好斜坡，欢迎摩托车回家。

遗憾的是，这样的幸福并没有一直持续下去。汤建良从秀谷一小毕业后，考上了金溪最好的中学——金溪一中。就在他上初一这一年，家里发生了一件大事，父亲因为车祸去世了。摩托车也被转卖给了汤建良的堂哥。童年时代那特有的"隆隆的马达声"从此也成为绝响。

那是1997年12月的一天，凌晨四点左右，汤建良的父亲正在老家进货，一辆货车突然闯过来，站在路边的汤父毫无防范地被刮到，重重地摔在地上，顿时意识模糊。肇事的司机看到这个场景，忙将昏倒的汤父拖到车上。心慌意乱的司机并没有第一时间把汤父送到本地的医院抢救，而是舍近求远拉到隔壁县城的医院，结果耽误了最佳的抢救时机。汤父因颅脑损伤，失血过多，昏迷了三个月，再也没有苏醒过来。

出事那天，汤建良的母亲闻讯后心急火燎地赶往隔壁县城，而汤建良到了中午学校放学后才从房东嘴里得知这一消息。直到一周之后，他才有办法赶往隔壁县城，看到了躺在病榻上昏迷不醒的父亲和病榻旁垂泪不已的母亲，此情此景让他心如刀割，永生难忘。

汤父在隔壁县城的医院住了一个月后，转回本地继续医治。他本来有机会去更大的医院做手术，这样或许还有回天的机会，但当时限于条件没有办法做到，这也成了汤建良一生中最大的遗憾。父亲在医院的每一天都要打很多营养液，费用昂贵，后来也渐渐停掉了。汤父昏迷的时候，有一次家人在旁边喊他，他虽然不会说话，眼睛里却流出了泪水。

所有的努力最终没有留住年轻的汤父，只有37岁的他在1998年农历正月撒手人寰。此时他事业蒸蒸日上，正当有为的年纪，却含恨而逝，家人的人生轨迹也随之发生了改变。

汤父下葬的日子,家里用一个皮卡车把他从县城拉到乡下。那天天降大雨,为这场葬礼增添了浓重的悲伤气氛。由于雨太大了,本来计划是要把汤父跟汤建良的爷爷一起葬在山上的,结果没办法上山,只能安葬在平地上。入土前,13岁的汤建良咬牙对躺在棺材里的父亲说:"我一定会努力的,不会让你失望的。"这句话,汤建良时刻记在心里,后来他说:"如果说我真的懂事了,应该就是从那一刻开始的。"在场的人们看到了这一幕,都叹息着说,这孩子将来一定有出息!

想起两年前,一个星期一的上午,父亲骑着摩托车载着汤建良到县城上学,走到疏山寺后面的一个山坡上,突然天有不测风云,倾盆大雨像决堤的河水一样从天而降,沉闷的雷声越来越响,雷声相互追逐着,吼叫着,似乎要冲出浓云的束缚。闪电像利剑一样直插下来,劈在山上。汤建良和父亲躲在一个小亭子里面避雨,恐怖的场景和声响令人窒息,汤建良吓得躲在父亲雨衣的后面,不敢看向外面。

如今,那个为自己遮风挡雨的背影已经远去了。汤建良明白,到了自己必须直面风雨的时候了。

父亲去世后,家里的顶梁柱倒了,一家人的生计成了问题。一直待在乡下的母亲只好从幕后走向台前,接替父亲的生意。而汤建良的两个姐姐为了这个家庭更是做出了巨大的牺牲,选择了辍学。当时,汤家姐弟四人一年的学杂费加起来要1 000多元,这在那会儿可是一笔不小的数目,况且汤建良是农村户口,在县城借读,从小学到初中每年都要交一笔不菲的借读费。汤父非常重视子女的教育,四个孩子一个没落下,两个女儿都上到初中,这在当时许多普通农家都实属不易。

但是父亲去世后,这种局面便难以为继了。一来学费没有着落,二来母亲一人做生意也需要帮手。两个姐姐也渴望能继续读书，但是残酷的现实摆在面前，她们哭了很久，擦干眼泪后，还是决定用自己的牺牲来换取家庭的未来和弟弟的前途。

二姐读到初二，离开学校后就去打工了，后来开了家面包连锁店。大姐跟着母亲继续父亲的蔬菜批发生意，只是生意档次无奈地降级了。父亲在世的时候可以一卡车一卡车、几吨几吨的瓜菜去收购和销售，父亲过世之后，就只能从别的大商贩手里买，再去零售，从整车贩卖变成整买零卖。

即使这样，勤劳能干的母女俩还是依靠自己的努力让生活一步步地好起来了。后来大姐更是成了金溪县城的蔬菜大王，几年前汤建良跟她合伙成立了江西好又平生鲜配送有限公司，目前金溪县城30%左右的蔬菜交易和60%左右的酒店蔬菜交易都跟这家公司有关。汤建良希望通过自己的商业经验，来帮助大姐做大做强，这也算是对当年姐姐付出的一种回报。姐姐的儿子在老家，年轻人很叛逆，让姐姐非常头疼。汤建良知道后，就把她的儿子从金溪接到深圳来读书，住在汤建良家里。

班里的老师和同学知道汤建良家出事后，组织了一次捐款。这件事让汤建良一直感怀在心。他创业之后，虽然远没有大富大贵，依然毫不犹豫地决定要用行动来回报母校当年对自己的照顾。在金溪一中就读的时候，学校没有图书馆，自己买书又嫌书价昂贵，无书可读成了汤建良中学时代的一大遗憾。因此，捐书给母校，让学弟学妹们有更丰富的精神生活，在他看来不啻为弥补遗憾最直接的方式。

还有一件事，也是汤建良捐书的重要原因。汤建良初二的时候，有一个书商赞助了学校一些贫困的学生。虽然汤家还不算穷困潦倒，但班主任考虑到他是单亲家庭，再加上品学兼优，还是帮他拉了赞助。每个学生领到了几十元助学金，尽管数额不大，汤建良还是感激涕零，决定帮书商完成未了的心愿——当时学校没图书馆，书商想捐书也没地方捐，只好捐钱。

也正是这一次领助学金的机遇，汤建良走进了校长的办公室，第一次感受到了空调带来的凉意。那种从炎炎酷暑一下子走进凉爽惬意的感觉，让他很长时间都记忆犹新。这是1999年的夏天，在即将进入21世纪的时候，汤建良终于知道世界上还有空调这个神奇的玩意儿。同样在初二，汤建良在老师的带领下到抚州市区参加英语听力比赛。在市里边，他第一次见到了电动扶梯，这个能自动带人上下的机器让他惊讶得合不上嘴。从小学二年级到初中二年级，这个少年用了六年时间，把见识从电话时代提升到空调和电梯时代。

2019年4月4日，金溪一中在学校综合楼前广场上举行汤建良图书捐赠仪式。这次汤建良捐赠了总价值6 000元的图书，包括文学名著、工具书、教辅用书等。汤建良说这只是个开头，今后几年自己还将陆续捐出同等价值的图书，为丰富母校图书馆藏书贡献绵薄之力。为此，校长对全校师生表示，希望学校师生以汤建良为榜样，常怀感恩之心，常为感恩之行。

萌生理发原始念头

逝者已矣，生者如斯。汤建良很快从丧父之痛中调整了过来，以学业上的加倍努力来履行自己对父亲的承诺，这一点可以从他的眼睛很快就近视了得到证明。当时的老师们富于奉献精神，经常利用周末时间把班里一些学得比较好的学生叫到家里，义务为他们培优或者讲竞赛题目，无形中鞭策着这些孩子更加努力。

初二的时候，重新分班，汤建良分到了一个新的班级。新的班主任是初一的英语老师，老师很欣赏汤建良的自强不息，分班时特意要求把他分到自己的班级。因此，汤建良在英语科目上学得格外卖力，中考英语满分120分，他考出了116.5分，全县最高分！

说起那次中考英语考试，汤建良至今还觉得不可思议。英语是考试最后一科，考前的一晚他特别兴奋，想到马上就可以放假了，筹划着暑假要干些什么有意义的事情，激动得整晚都没有合眼。第二天上午考英语，汤建良居然做题做到睡着了，不知不觉睡了半个多小时，醒来的时候监考老师已经在催着交卷了。没想到，所有科目中考得最好的竟然是英语，总算没有辜负老师的厚爱。后来他考研的前一晚又如法炮制，结果考砸了。

相对英语，汤建良最擅长的两门科目还是物理和数学。初二这一年，他在抚州市区参加了一次物理竞赛，这是一次省级竞赛，根据比赛结果分成省级和市级的奖项。比赛后，汤建良拿了个市级一等奖，这可把他乐坏了，当时县里面的中学能拿到这个等级奖项的学生真是寥寥无几。当时有个同学拿了个省级的一等奖，后来去了清华。至于数学比赛，汤建良拿的奖那就更多了。所有科目中，只有语文成绩略逊一筹，这可能跟他偏向理科思维有关。

也正是在初二那一年，汤建良读到了一本流行的青春小说《花季雨季》，或许冥冥中影响了他此后的人生轨迹。当年这本书红遍了中学校园，成为许多80后学生的青春印记。小说写的是深圳这个年轻的经济特区中一群年轻人的成长历程和情感纠葛。对于众多的少男少女来说，书中最吸引他们的可能是暧昧的感情。而对汤建良来说，这本书最大的影响却是为他打开了一扇窗子，让他第一次对深圳这个改革开放的前沿城市有了特别的感知，从此"深圳"两个字就成了他的一种憧憬。

《花季雨季》这本小说的内容放在今天并没有什么稀奇，但在20世纪90年代的江西，内陆学生和深圳学生在生活方式和思想认知上的差距，足以给在那些封闭而单调环境中生活的学生带来刺激和冲击。实际上，小说中的少年们是那些移居深圳的"深二代"，他们自小生长在这片改革开放的热土上，自觉地认同了这座城市，同时也以开放、多元、乐观进取、全球化和现代视角去审视生活，他们身上充溢着的昂扬向上、乐观自信的激情和气魄，恰恰是新时代"深圳精神"之写照。

没有观过世界，哪来的世界观？虽然少年汤建良当时还没有机会亲眼来深圳看一看，但是这本青春小说却对他世界观的形成起了重要的作用，这是他第一次如此渴望外面的世界。

光阴犹如白驹过隙，初中三年时光转眼即过。初三毕业前夕，发生了一件有趣的事情。有一天，汤建良觉得头发长得连自己都忍无可忍了，索性拿起剪刀对着镜子，自己给自己剪起了头发。不幸的是，他高估了自己的水平，一番修剪下来，发现越剪越难看，这是他人生中第一次对自己的"自理"能力产生了质疑。之后，汤建良找了个理发师，彻底把头发推平，剃了个光头，这才把前面的错误痕迹抹干净。初三拍毕业照的时候，汤建良的发型刚刚处于恢复期，照片上那个看起来最像小和尚的人就是他。

虽然现在的汤建良把理发当成自己安身立命之本，但他小时候可是个顶讨厌理发的主儿。不过这并不是他一人的遭遇，和他同年龄段的农村小男孩们，很多在理发时心里都有大小不等的阴影面积。

那时理发师傅叫"剃头匠"，他们不像现在的理发师在店里等着生意上门，而是挑着剃头挑子走街串巷，上门找生意。剃头挑子一头是长方形的凳子，用来让顾客坐，下面的抽屉放着剃头用的工具：一把推子，一把刮刀，一个木椅子，一个盆，以及一条泛黑的荡刀布。每次剃头之前，便将剃头刀在荡刀布上来回地"荡"，荡得刀刃锃亮发光，让人看了不寒而栗。挑子另一头是一个用来烧水洗头洗脸的火炉子，"剃头挑子——一头热"这个歇后语就是这么来的。

剃头的过程是简单粗暴和工匠精神的矛盾结合。剃头匠简单问一下小男孩想要剃成什么样——那时还没有发型这个概念，马上就扳着脑瓜开始行动。想到那寒光闪闪的剃头刀，谁也不敢乱动，过程堪比受刑。剃头匠通常老头居多，老往往意味着认真和慢，他们是真正的工匠，精益求精,不允许出一点儿瑕疵,工作起来专注得仿佛与世隔绝,理完发后会像艺术家欣赏自己的作品一样露出幸福的笑容。但小男孩哪有这个耐心,对于他们来说,这个过程简直就是煎熬,更有孩子急得眼泪在眼眶里直打转。

小时候剃头"受虐"的经历让汤建良萌发了一种念头,那就是让理发变得又快又简单,这大概是他创办Q发屋最原始的动力。

书剑情怀少年意气

汤建良的高中时代始于搬家。

母亲并没有因为丈夫的去世和生意的繁忙而降低对儿子学业的要求。转眼到了高一，为了给儿子创造一个安静的学习环境，她还做出了一个孟母式的抉择——搬家到学校旁边，用这三年攒的钱为儿子买了一套学区房。由于学校宿舍条件差、吵闹等原因，很多学生不乐意住学校的宿舍，打算在外面自己租房子，学校周边的房子是很容易租出去的。父亲去世后，家境大不如前，一份房租还是很可观的，但是母亲为了汤建良有一个更安静的学习环境，拒绝了不少人租房的要求。

汤建良能够顺利度过繁忙的高中生涯，除了母亲外，大姐汤喜琴也是居功至伟的。每天早晨四五点钟，大姐就会起来给汤建良准备早餐，然后再出去跟母亲一起做生意。二姐汤小琴去了福建打工，每次回来都会带一些新鲜的水果给汤建良补充营养，偶尔也会给弟弟带点礼物提振精神。

高中时代的青年正是精力最为旺盛的，躁动的荷尔蒙不是那么容易压制的。汤建良开始迷上了武侠小说，做起了侠客梦。班里女生爱三毛琼瑶，男生喜欢金庸古龙，在沿海或许有点过时，而内陆地区正如火如荼。汤建良和同学合买了一套金庸全集，当然是盗版的，那时纸张劣质、错字频出的盗版书撑起了很多少年的文学梦。"飞雪连天射白鹿，笑书神侠倚碧鸳"，金庸最著名的十四部武侠小说，汤建良都反复看过好几遍。在所有的主人公当中，他最喜欢的是杨过，对年少轻狂、不走寻常路的神雕大侠崇拜至极。

语文成绩一直拉后腿的汤建良竟然还发起了宏愿，决心继承金庸古龙的事业，当一名了不起的武侠小说家。为此，他在课余时间奋笔疾书，写了几千字的武侠小说。当他兴冲冲地拿着自己的作品请一起看武侠小说的同学欣赏后，同学真挚地请求他为了武侠事业勇敢地封笔，从此汤建良在武侠创作上算是"金盆洗手"了。

沉浸在刀光剑影中，汤建良的成绩产生了中学时代最大的一次滑坡。高二那年的一次考试，一向名列前茅的他居然如自由落体，掉到了年级100名。班主任一怒之下把他赶回家去反省，让他面壁思过。汤建良躲在家里哭了很久，两天没去上学。此后，尽管他的成绩还是有起有伏，但再也没有刷新过自己的下限。

高中时代对汤建良影响最大的老师，是高三带过他们一年的数学老师汪少兵。汪老师是金溪县的教学名师，数学课讲得特别生动有趣，深受学生们的喜爱。那时学生们比较单纯，在填报志愿的时候，往往因为喜欢某个学科的老师而选择某个专业，这也成了汤建良后来报考哈工大时把数学放在第一志愿的重要原因。汤建良原本数学就是拔尖的，高三后有了汪老师的"加持"，成绩就更突出了，经常能接近满分。

在教学之外，汪老师最让汤建良印象深刻的一点是头发杂乱，这也是许多数学系毕业的男生的共同点。于是，当汪老师若干年后来到深圳，汤建良特地把他请到自己的理发店，让手下的得力干将帮他理了一次发。汤建良中学时代的数学老师，后来都和他保持着良好的关系。2019年，他和妻子结婚10周年补办婚礼的时候，他们也都来到了现场。

十几年后，汪少兵老师仍然保留着汤建良的考试成绩单，他找出两张已经泛黄的纸来。在一张日期显示为2002年11月5日的周考名次表上，汤建良总分位居班级第一名，而在另外一张"金溪一中高三年级期末联考理科排名表"上，汤建良总分班级第四，学年位居二十三。

汪老师还特地为汤建良写下了这样一段评语：

> "土扶可成墙，积德为厚地"，汤建良是一个品德修养非常好的三好学生。高中阶段是培养学生自主能力和不断创新能力的重要时期。汤建良同学聪明好学，特别肯动脑筋，知道母亲和姐姐对生活不辞辛苦的付出，他更有动力更加刻苦地学习。在数学老师的不断启发和影响下，他对数学综合题和难题更感兴趣，善于钻研和独立思考。这种钻研精神和创新能力，为他日后的长远发展奠定了良好而扎实的基础。另外，高三阶段，他能与苏振中、吴文平、戴妍等同学共同学习，一起探讨，也充分体现了团结协作的重要性。

看到这段话，仿佛又让人回到当年老师谆谆教导、学生殷勤向学的场景。汪老师评语里提到的苏振中、吴文平和戴妍高中毕业后都考上了武汉大学。苏振中于2015年在瑞士苏黎世联邦理工大学拿到测绘工程博士学位，研究高精度GNSS。博士毕业后，苏振中和几个搭档在瑞士创立了Fixposition公司，专注于让无人机实现厘米级精确定位。苏振中在社交媒体上写道:"每一个创业者难道不正如悟空一样,要有'踏碎凌霄,放肆桀骜'的叛逆与勇敢去打破陈规、去创新,又要面对天地规则,面对现实的烦琐去妥协?"对于这段话,作为老同学的汤建良自然也是心有戚戚焉,尽管二人创业的方向截然不同。

除了跟读书比较好的同学切磋之外,汤建良也会尽力帮助成绩不如自己的同学。同桌吴天明回忆说:"咱俩高三同桌,那时候我们很单纯,身处小县城,唯一的目标就是考上大学,跳出去看看外面的世界。你给我的印象最深刻的就是乐观、乐于助人。我数学不好,但是这是你的特长,每次有问题问你,你都会耐心解答,除非有女生找你帮忙,你才会弃我而去!那时每周一小考,每月一大考,每次发数学考卷,我都神情落寞,而你是满心欢喜,还要用笑脸与我分享你的喜悦,那时我真的很羡慕你。"

高三从抚州市区转学而来的万薇,就是吴天明口中可以让汤建良在解惑时弃他而去者之一。那时候金溪一中正如日中天,很多外市甚至外省的学生慕名转学而来,以至于汤建良高二的时候因为班级不够用,在县里的烈士陵园度过一年,每天回家时不得不直面英雄纪念碑三省其身。万薇回忆道:"汤建良当时帮我补习数学,说明他从小就乐于帮助'困难户'同学。"

那是一段激情燃烧的岁月,虽然学业繁重,但大家风华正茂、挥斥方遒,班级同学最喜欢的运动是骑行。从县城出发,单程骑自行车二十五公里到达汤建良老家的疏山寺,在那里游目骋怀之后再一路折返。少年不知愁滋味,再回首,恍然如梦。

填报志愿的悲喜剧

进入新世纪后，金溪一中迎来了最风光的一段时间。2001年高考，饶星、孙奕帆考入清华大学，夏聪、余仲琪考入北京大学；2002年高考，饶峰云、王璞、曾志锋考上清华大学，祝迪考上北京大学。金溪是一个人口小县，有这样的成绩无疑是十分辉煌的。学校把他们的名字和介绍贴在最醒目的位置，这种激励方式对学弟学妹们产生了强大的磁吸效应。一时间，那些成绩好的学生都信心满满地认为自己考上北大清华不在话下，汤建良也成了那些经常在光荣榜面前露出迷之微笑的一员。

2003年的高考第一次提前到6月7日开考。那年的高考数学号称"史上最难"，许多同学数学考完出来后都哭得稀里哗啦，女孩子更是花容惨淡。平时能考130分左右的，成绩一出来只有70分左右。汤建良的数学成绩是116分，虽然比起平时动辄140分以上大为逊色，但是考虑到这次数学考试的惨烈程度，这样的成绩也可以让人满意了。

这一年，金溪一中高考再创辉煌，全省理科第二名和第四名都是汤建良的同学，更有一位同学数学考出了满分，让向来在数学上不服输的汤建良也深刻地体会到了自己和别人的差距，明白了"天外有天，人外有人"这句话的含义。

值得一提的是，2003年的高考志愿填报采取的是考后估分报考，这是一个短暂的过渡时期。之前实行的是考前填报，也就是还没有高考之前，考生根据自己平时的水平填报志愿。由于高考存在变数，这样做的缺憾是一些好的考生发挥失常容易沦落到自己不喜欢的学校；此消彼长，有一些平时成绩差的学生发挥超常考出了好的成绩，可惜木已成舟，也觉得去读自己填报的学校太委屈。一来二去就催生了一堆复读生，造成资源大量浪费。于是，新世纪后的短暂几年，高考志愿改革成了考后估分填报的形式。

之所以提及这个问题，是因为特定时期的志愿填报方式，实际上对汤建良的人生命运产生了直接而又深远的影响，个人命运常常因为一些特殊时期的政策而发生改变。

尽管汤建良最喜欢的是数学，但是在填报高考志愿时，深受家乡"学而优则仕"思想影响的他，在第一志愿上还是选择了以文科出名的中国人民大学。那时，许多像他这样的学生对人大的认识都天真而模糊，以为人大出来就是"当官"的。因此，人大成了许多尖子生仅次于北大清华的第一选择。汤建良高考数学并没有考出理想的成绩，这让他在填报志愿时有所保留，没有选择北大清华，但少年意气的他还是相信自己除了北大清华外，上其他学校都不成问题。只是在填报第二志愿时，他听说哈尔滨工业大学招收第二志愿的高分考生，于是理性地填报了哈工大。

如果还是考前填志愿，那么汤建良也许第一志愿就是报考北大清华而非人大了。如果是像两三年之后高考成绩出来再报志愿，那么汤建良第一志愿可能会退而求其次，选择人大之外另外一所适合毕业后"当官"的学校。在这两种模式的推演中，汤建良和哈工大结合的可能性都微乎其微。所以，汤建良考入哈工大，是时势，更是缘分。

由于那一年数学特别难，很多尖子生填报志愿偏向保守，人大当年在江西招收了18名理科生，汤建良排在第19名，遗憾地擦肩而过。幸运的是，第二志愿乐意招收高分考生的哈工大向他敞开了大门。如果说考人大当官代表着汤建良世俗的理想，那么进入哈工大攻读数学就代表着他本真的理想。这两种选择性质截然不同，但是对于被动选择的汤建良来说，能够就读于自己最喜欢的专业，能够追随最纯粹的学术，又何尝不是一种幸运？

填完高考志愿之后，汤建良独自去了一趟南昌，找一个在江西农大读硕士的表哥玩，顺便见识一下省城的风采。这是汤建良第一次走出抚州。在南昌待了三天，他最大的收获是第一次接触到了电脑，第一次知道了QQ这个聊天工具，还花了两元钱买了一个QQ账号。

高中毕业之后，汤建良终于进入了互联网时代。从第一次在县城看到苹果，到首次见识了电话、空调、自动扶梯，再到互联网初体验，出生小城镇的汤建良实际上了解世界的节奏比很多同龄人都慢了一拍，但是好奇心旺盛、年少自强的他正在奋力追赶世界的脚步。

求学冰城

开学后上的第一堂课是徐阳老师的解析几何。徐老师上课时说的一句话给了汤建良极大的震撼,她说:"选择了数学,就等于选择了孤独与寂寞。"当时徐阳讲完这句话之后,正在听课的詹青同学突然因为身体不适晕了过去。若干年后,这句话的冲击力依然让同学们难忘。

初上北国走进冰城

2003年8月25日，汤建良带着哈工大的录取通知书，和母亲郑自香一起登上了北上的列车。母亲是汤建良邀请一起来的，他希望借此为母亲安排一次长途旅行，让常年照顾自己而劳累不堪的母亲得到一次散心和放松的机会。儿行千里母担忧，母亲很高兴地接受了儿子的邀请。

那时从江西到哈尔滨还没有直达的列车，为了看看首都，第一次前往哈尔滨时汤建良选择了在北京中转，母子俩乘坐的是绿皮火车。如今大多是空调车、动车组，绿皮车已成为"非主流"，渐渐难觅踪影。可在21世纪初，它还是普通老百姓喜闻乐见的交通工具，也是大学生上学和回家长途跋涉的最佳选择。大学四年，绿皮火车上的鸣笛声，售货员的叫卖声，车轮有节奏撞击铁轨发出的哐当哐当声，以及阵阵飘来的泡面味道，构成了汤建良四年本科学习和生活不可或缺的调味品。

绿皮火车上没有高铁那种约束感，素不相识的乘客可以自由地聊天，说说各地有意思的事情，了解不同地域的风土人情。因为慢，还可以一路欣赏窗外的风景——虽然每次都因为开窗被灌了一肚子凉风，却让从小富有好奇心的汤建良十分享受。

为了开阔眼界，每一回汤建良乘坐火车来往学校和家乡都喜欢选择从不同的城市中转，北京、上海、武汉、济南……每次他都会预留一天左右的时间对中转城市进行了解。中途下车之后，他会第一时间买一张当地的地图，到处走走逛逛。虽然囊中羞涩，没能让这个城市的GDP有所增长，但自己的见识却是大大增长了。

因此，汤建良对地图一直怀有某种特殊的情感。后来，他创办Q发屋，办公室里摆放着深圳和其他重点发展的城市地图，每当在一个地方开一家新店，他就在地图上相应的地方插上一面旗子，用这种激情燃烧的方式，来庆祝又"攻占"下了一座城池。

这趟远赴哈工大报到，坐绿皮车前往北京的途中，汤建良碰巧和一位金溪一中的老师邻座。老师正要去沈阳某师范大学读研究生，手上拿着一个手机，不用说，这新奇的玩意儿又吸引了汤建良的眼球。聊天中，这位老师告诉他，手机可以用来发短信。汤建良忙问："我想给家里的座机发个信息，告诉家里平安，可以吗？"老师摇摇头说，手机只能和手机发短信，它跟固定电话彼此不来电，交流不了。听到这儿，汤建良对手机产生了无限的渴望。大一暑假，他跑去做家教挣了700多元钱，终于用这笔钱买了一个折叠款手机。

火车在北京停下后，期间有10个小时的中转等待时间。汤建良利用这个空隙，带着母亲第一次踏上了首都的土地，去了一趟以前只能在电视上看到的天安门。遗憾的是，由于时间紧迫，没能和母亲进故宫一游。十几年后，汤建良带领全家前往北京参加《创业英雄汇》节目，终于领着母亲进了故宫，圆了当年的梦。

一路经过长达两天两夜的颠簸，终于抵达哈尔滨。早晨六点半，火车缓缓驶入拥有百年历史的哈尔滨火车站，汤建良开启了四年的求学生涯。8月底的哈尔滨已经秋意四起，陌生的风景把初来乍到的汤建良惊艳到了。整座城市散发着浓浓的异域气息，城市的街道从中心呈放射状向四周扩散，道路两旁五彩斑斓的俄式建筑、商店中大大小小的俄罗斯套娃都让他觉得无比新鲜。

走出火车站，汤建良和母亲搭乘公交车，来到了位于南岗区黄河路上的哈工大二校区。哈工大二校区原为哈尔滨建筑大学校区，哈建大为"建筑老八校"之一，和哈工大都源于1920年的哈尔滨中俄工业学校，一脉相承。2000年，哈工大和哈建大合并。此后，哈工大分为一校区和二校区，一校区是校本部，主要为大二以上学生；二校区又称基础学部，集中了所有大一的学生，以及土木学院等部分学院。汤建良这一届是哈工大基础学部入住二校区的第一批，打先锋的。在二校区这一年，军训时的挥汗如雨，穿过古朴厚重的正门长廊，透过繁花似锦遥望龙塔，在小树林中看书散步……都成了短暂记忆中美妙的瞬间。

母亲回家之前，汤建良特地带她去了一趟太阳岛。太阳岛位于哈尔滨市区松花江北岸，与斯大林公园隔江相望。20世纪80年代，歌手郑绪岚的一首《太阳岛上》曾风靡一时，广为传唱，一个无名小岛顿时成为国人梦中的旅游胜地，也成了游客们到哈尔滨之后必去的地方。秋日的松花江广阔而浩渺，江水在阳光的映照下静静地流淌着。汤建良和母亲在太阳岛上享受着哈尔滨秋天的和煦阳光，留下了一张温馨的合照。母亲回去之后，汤建良每周都会给家里打电话，一直坚持四年。回家时，他也会给母亲带回一些东北的特产，比如抗冷的棉鞋。

在二校区安顿下来之后，汤建良特地跑到本部去"朝圣"，第一次见到了哈工大的地标——主楼。初到哈工大本部的学子，经常被主楼的雄伟巍峨所震撼，一如汤建良当时的感觉。

哈工大主楼于1959年8月动工，1965年建成，为哥特式建筑风格，是哈尔滨欧式建筑风格的典范之一。主楼"凸"字形结构的顶端，一根镶嵌着齿轮与五角星的桅杆直刺苍穹。天高地迥，在秋日的蓝天白云映衬下，主楼显得更加气势非凡，是为新生认识哈工大之先声。主楼东西两侧是电机楼和机械楼，如鸟之双翼，代表着哈工大在新中国重工业时代的荣光。

哈工大收发信件在主楼一楼左边，每个班级都用一个数字代号作为信箱名，汤建良和许多同学都在那里签收过父母邮寄的汇款单和包裹，看似严肃的主楼实际上是充满人情味的。可以说，主楼象征着哈工大的风格——侠骨柔情兼具。

本科时期学业沉浮

大一的时候,汤建良住在二校区七公寓B07 C302室,四人一间,住宿条件很不错。舍友四人,除了汤建良外,其他的三位都是东北人,两个来自黑龙江,一个来自吉林。东北民风豪爽,不拘小节,偶尔闹了什么矛盾也可以撸串摊前泯恩仇。东北人的热情和哈尔滨天气的寒冷形成了鲜明的对比。他们的开朗豁达、乐观幽默深深地感染了汤建良。潜移默化之下,他的口音也不知不觉地带上了几分东北味儿。

这也是在东北读大学相对于其他地方的额外收获,你常能听到一帮原汁原味的东北舍友时不时说两句东北话,满满的喜感让你笑得合不拢嘴。快乐是具有极强感染力的,你也很可能因此掌握一项使别人快乐的特殊技能。

工科大学历来都是"和尚庙",数学系也不例外。汤建良全班22个同学,只有3个女同学,据说哈工大男女比例七比一,总算勉强胜过一筹。不幸的是,按照学校当时的规定,成绩前10%的学生可以转专业。大一过后,班上一个女同学因为学得太好,从应用数学转到数学系另外一个专业——信息与计算科学去了，毕业以后去了法国。从此，班上的女生占比下降到十分之一以下，连学校的平均水平都达不到。

这还只是客观上的差距，还没算主观上的差距。数学系的女生习惯于埋头刷题，宁愿动手不愿动口，这就让男女同学之间的沟通更加稀少，久而久之就形成了交流障碍。大三时，团支书何丽娟特地写了一封长信给身为班长的汤建良，原因是："上次约你出来，我发现我们双方都很不自在，所以交流并不顺畅。我们这么重要的人物居然还很不熟悉，是不是应该好好交流交流？"所以她决定采取这种"不受约束"的方式和班长好好交流一下，信中详细介绍了自己当上团支书后的心路历程，希望汤建良全面了解之后给她回复。信的最后以一句响亮的政府工作报告式的口号结尾：我们大家——我、你、学委、生活班长要一起走。让我们大家互相帮助，相互支持，继续认真做我们的工作！

整封信只有寄语的排列顺序流露出了那么一点感性的色彩——愿你：友情满满，爱情甜蜜，学习顺利，工作出色！

开学后上的第一堂课是徐阳老师的解析几何。徐老师上课时说的一句话给了汤建良极大的震撼，她说："选择了数学，就等于选择了孤独与寂寞。"十几年后，汤建良参加《创业英雄汇》节目，把徐老师的这句话加以发挥，道出了自己创业以来的心声：创业者是孤独的，我们要在不断地孤独前行当中呐喊出自己的力量！当时徐阳老师讲完这句话之后，正在听课的詹青同学突然因为身体不适晕了过去。若干年后，这句话的冲击力依然让同学们难忘。

开学没多久，班级组织了一次班会。班会最重要的内容就是选出班级委员。汤建良原本信心满满地准备参选班长，听完同学自我介绍之后，才发现班上人才济济，竞争激烈。和汤建良一起竞选班长的是一位来自辽宁实验学校的毕业生，名叫李鑫。他在高中时就已经是班长了。不论是地利还是履历，相比汤建良都有着明显的优势。因此，汤建良毫无悬念地败下阵来。之后，他退而求其次争当学习委员也失利了。

等到竞选大局已定，只剩下一个文艺委员的位置了——报考数学的学生一般精于计算而疏于文艺，没有金刚钻，不敢揽瓷器活。这时，有人就问汤建良："你是否愿意当文艺委员？"他不假思索，应对求婚般答了一句："我愿意。"于是大家热烈鼓掌，予以通过。过了几天，军训开始了，五音不全的汤建良只好带领全班同学一起唱歌。

事后，汤建良才发现自己没有被选上学习委员实在是一件幸运的事情。数学系的同学中藏龙卧虎，中学时代自己的数学天赋或许在本校同学中是出类拔萃的，可是到了这里，顿时泯然众人矣。最让汤建良佩服的是一个名叫张若若的同学，她的父亲据说是南开大学数学系的教授。张若若可以"碎片化"睡觉，就是睡一会儿醒一会儿，让人总觉得她一天都是清醒的，不用睡觉，时刻精力充沛、生龙活虎。她问的问题不要说别的同学不明白，就连老师大都也搞不明白。

更让汤建良大受打击的是，他大一时候的一门主课数学分析居然只考了34分，创造了自己学习数学以来的最低纪录。看到成绩的那一瞬间，他感觉自己的整个人生都笼罩在一片迷雾当中，前途渺茫。2017年，毕业十周年聚会的时候，教数学分析的陈明浩老师也被邀请来参加宴会，汤建良终于有勇气把这件事告诉了老师。老师跟他说有一种理论叫差生理论，就是你在学校里面的时候成绩不是特别好，不过往往未来的成就却比较大。虽然知道老师是在安慰自己，但汤建良听了之后还是很受用，感觉以前的阴霾一扫而光了。

数学分析惨遭滑铁卢，一个很重要的原因是汤建良把大量的精力放在赚钱上面了，换个说法就是勤工俭学。汤建良的母亲和姐姐仍然在菜市场卖菜，但现在的生意早已经不像以前那么好做，竞争越来越激烈，同样的辛苦换来的可能是比以前更低的收入。而汤建良的学费加生活费一年要好几千元，对家里来说是一个很大的负担。

为了减轻家里的负担，汤建良大一的时候贷了一笔学费。这笔贷款总共才2 000元，但是在自己最需要的时候可谓雪中送炭，汤建良还是很感激，至今保留着借款合同，上面显示借款时间始于2003年11月20日，止于2008年9月20日，也就是毕业一年后归还的。

此外，舍友谷成金告诉了汤建良一个好消息，可以在外面做家教赚钱，而且数学系的学生做家教还是很有市场的。汤建良的学生时代，老师都是免费给他补课的，他还没意识到教育也可以商业化。听到这个消息，汤建良立即心动并行动，花了60元钱买了一辆破旧的二手自行车，每次骑着车去做家教，连两元钱公交车费都省下来了。

有一次，汤建良在零下二十多摄氏度的大雪天骑了二十公里的路，到一个学生家去赚十五元钱一个小时的家教费。不妙的是，回来的路上车胎没气了，那样大雪封路的日子连一个修车的师傅都找不到，只好推着瘪了胎的自行车，在厚厚的大雪中跌跌跄跄地走回学校，差点冻成冰雕。

大一数学分析考试分数之低让汤建良消沉了很长时间，直到大三，他才走出了低谷。大三到来后，汤建良给自己制定了一个小目标，希望能够在这个学期得到一次奖学金，无论是哪一等的奖学金。为了实现这一目标，汤建良开启了疯狂读书模式，对于曾经让自己跌倒的数学分析，他更是投入了极大的热情，由恨生爱。

特别是在期末考试来临之前，通宵教室一位难求。汤建良和同学只好去普通教室复习功课，当楼管来查楼关灯的时候，他和同学躲进了厕所，等楼管走了之后再溜出来继续学习，可谓焚膏继晷。

功夫不负有心人，那一年汤建良的主课平均分数超过了85分，拿到了大学以来第一笔奖学金。尽管只是三等奖学金，但是能在强手如林的哈工大数学系狭路争胜、虎口夺食，又夫复何求！因为成绩大幅进步，汤建良这一学年还获得了哈工大"2005—2006年度优秀共青团员——柳暗花明奖"的荣誉称号。

这笔奖学金确实让汤建良的学习之路豁然开朗，柳暗花明又一村。他证明了自己是可以从跌倒的地方爬起来的，明白了不要被一时的困难打倒，而应越挫越勇，按照自己既定的目标，去得到想要的东西。

哈工大数学系群师们或精彩纷呈的教学艺术，或认真负责的教学态度也给了汤建良莫大的帮助。解析几何徐阳老师有问必答，那些成绩好的学生下课后会把老师抓住，不断地抛出各种问题让老师答疑解惑，徐阳老师对此从来没有流露出任何的不耐烦。数学分析陈明浩老师曾留学日本，视学生为朋友，经常跟学生讲他在日本的一些经历，上课时能给出很有见地的证明方法和题目，让人耳目一新。

最受大家喜爱的是高等代数郑宝东老师，学生们亲切地称他为东哥。郑老师毕业于东北师大，课讲得特别好，算法很厉害，基本上不用教材。枯燥的高等代数让他讲得趣味横生。很多同学原本对代数悟性不高，兴趣寥寥，全靠郑老师才"起死回生"。大一三门主课之中，汤建良学得最好的也是高等代数。

郑老师还给工科的学生上课，大概是工科的学生比数学系活泼热情，据说有时他下课后学生会鼓掌送别，其受欢迎程度由此可见一斑。也正是在郑老师的课上，汤建良第一次听说了数学界最高的奖项——菲尔兹奖。郑老师鼓励大家日后有机会去夺取这个奖项,所以那时候系里数学学得最好的同学都磨刀霍霍。理想是要有的,但是难于上青天,目前只有丘成桐和陶哲轩两位华裔数学家曾获得过此奖,还没有中国国籍的人得奖。不过那时大家年少轻狂不信邪,一些同学甚至为此跟数学史上那些著名的猜想较上了劲,以至于有段时间男生宿舍地上的头发明显增多,为日后一部分人的中年秃顶埋下了雷。

课外活动丰富多彩

哈工大在计划经济时代乃中国工科院校之"执牛耳"者,与东北作为中国重工业核心的地位"一荣俱荣"。到了市场经济时代,又与东北经济地位的下降"一损俱损"。想当年哈工大招生分数直追北大清华,到现在分数线被许多后起之秀赶超。考入哈工大的学子中,很多人都是像汤建良这种第二志愿被录取的,他们刚开始或许心有不甘,来到这个苦寒之地有一种被"流放"的失落感。但是,等到他们到这里一段时间后,就会发现塞翁失马焉知非福。哈工大不仅"性价比高",更是适合沉下心来读书的好地方。

很多人认为哈尔滨一年只有两季,夏季和冬季。冬季寒冷又漫长,天黑得早,一到晚上,又冷又黑,再有活力的学生也不愿意外出,只好待在屋子里学习。东北的暖气却是全国最给力的,室内的温度保持在20℃以上,在寝室基本穿个背心短裤就够了。在东北上学,每天早晨叫醒你的可能不是梦想,而是火力过猛的暖气。特别是住高楼层的同学,大冬天里朋友圈经常出现的词是热、卒,让在南方冻得瑟瑟发抖的同学各种羡慕嫉妒恨。

麻烦的是，你要是想出门，就必须全副武装——毛衣、羽绒服、雪地靴、耳罩、口罩、围巾、手套……否则扛不住外面刺入骨髓的寒气。这样一来，大家都嫌麻烦，能不出门就不出门。在冬天的哈工大，你会发现一个比较有趣的现象，那就是在室外人很少，有人的话也是行色匆匆，因为实在是太冷了。于是，日久天长大家都习惯躲在屋子里读书了。哈工大绝对适合修身养性，低分高出，良有以也。

女生人数太少，客观上也促进了哈工大良好的学风。有贼心，没那个贼。大二以后，汤建良从二校区迁回校本部，住进了二公寓5002。二公寓规模宏大，格局单一。这里的住宿条件比在二校区降了一个档次，由四人间变成八人间。但有一个好处，对面即哈工大唯一的女生宿舍——三公寓。因此，二公寓的男生多了一项娱乐活动——审美。

在哈工大，如果哪个男生能够在三公寓门口接送女生是非常荣耀的事情。不过，这种场景很少见，大家甚至连三公寓的女生都很少看到。哈工大的女生比男生更爱学习，早出晚归，一面难求。

除了恋爱活动比较少之外，哈工大其他课余活动并不少。工科学校文艺类的活动并不多，但哈工大总能够组织起来一些有趣的活动让学生参加，什么诗歌朗诵、剧团表演、歌手大赛、文艺晚会，别的学校有的，这里照单全有。哈工大学子最擅长的是下棋。不做无聊之事，何以遣有涯之生？寒冷漫长的冬日成天躲在屋里，除了读书就是下棋。下棋能够锻炼逻辑思维，和数学系的学生最匹配，这也成了汤建良和他的舍友们日常最主要的娱乐活动。

有时汤建良在宿舍也会玩一种相对下棋来说比较低端的游戏，那就是男女老幼皆宜的扫雷游戏。只不过作为数学系的学生，他们发现了扫雷其实本质上是一种数学算法，所以经常集体扫雷，互相比赛。由于扫雷速度快，汤建良被公认为是一个出色的"工兵"。

作为班级的文艺委员，汤建良为了丰富同学的精神生活，也是不遗余力。他当过主持人，主持过班级多场文艺晚会；还当过词人，为了给班级创作一首班歌，他写了一首歌词，并且找到了一个会谱曲的高中同学。同学不敢承接这么神圣的任务，告诉他可以拿别人的曲子来套用，汤建良遂将一首流行歌曲《兰花草》的曲子重新填了词，做了很多文艺爱好者都没办到的事情——翻唱。

体育活动在东北高校一般都很高效，尤其是冬天过后，储藏了一冬的脂肪正好拿来燃烧。篮球和足球都是东北的大学的传统强项，校与校之间的对抗非常激烈，校内也经常组织对抗赛。汤建良读大学的时候，正是姚明在美国职业篮球联赛的巅峰时期，在宿舍里看比赛也成了舍友们最大的乐趣之一。汤建良班级曾获得理学院篮球比赛第一名，那时候他们班的配置还是很不错的，1.9米的高中锋丛林，小前锋张继真，还有郑秀成、李凯等高手。

二公寓二楼有一个大电视厅，如果遇到世界杯或者国足比赛的时候，会有很多人聚集在那里看球赛，这样比较有气氛。只是国足比赛的时候，从公寓楼下经过的时候记得带安全帽，这时经常会有热水瓶等不明飞行物从上面扔下来。

提到在哈工大看球，怎可略过评球小胖？2006年，也就是毕业前一年，汤建良在BBS上发表了一篇名为《哈工大四大名人》的文章，可惜后来BBS没落了，这篇文章现在已经找不到了。不过关系不大，因为类似的文章很多哈工大人都发表过，内容大同小异。小胖最常出入的地方是方便食堂，如果你在方便食堂看到电视机前面坐着一个体形健硕的胖子正在评球,那必定就是他了。每当球赛开始,小胖便用他抑扬顿挫、慷慨激昂的语调大声评论,方圆五里之内无不响彻着他穿透力极强的声音。小胖完全沉浸在自己的世界里,任凭食堂人来人往,我行我素,岿然不动。很多学生不是因为梅西或者C罗,而是因为小胖爱上足球,小胖堪称哈工大的足球启蒙导师。

大三时,汤建良从文艺委员被改选为班长,压抑了很久的他决定努力施展自己的才干。为了增进兄弟班级之间的友谊,他带领几位同学承办了一场理学院数学系内部的足球比赛,整个数学系所有的年级都参加了,在系里的足球史上可谓盛况空前。

比赛前,汤建良跑到学校理学楼后面的一个大商场,在一家体育用品店,他逮着店员,希望对方赞助自己几个足球,作为比赛的奖品。作为回报,自己会给他们拉条横幅,做个品牌宣传。店员斜着眼睛瞪着他看了好一会儿,大概以为来了一个大忽悠,想空手套白狼,不花钱拐走足球,立即很诚恳地拒绝了他的要求。汤建良接连走了三家店,结果都是如此。后来他只好采取了一种更简单的方式,向系里申请经费,买了一个金色的足球,作为第一名的奖励;买了一个银色的足球,作为第二名的奖励。这就是汤建良人生中第一次融资的经历。

据汤建良大一时候的班长李鑫回忆,本次比赛汤建良从活动策划、规则制定、活动宣传、参赛队邀请、场地安排、赛程设置等方面都进行了精心的策划,表现出很强的组织协调能力。其中某一场比赛,当参赛队员都到了预定的场地时,发现已经有其他人在那儿踢球了。汤建良见状,只好与占用场地的人进行沟通。但那些人好不容易凑够一伙人踢球,坚持先入为主的原则,不为所动。

眼看场面即将陷入僵局,汤建良灵机一动,想了个折中的办法,邀请对方先当观众和评委，等比赛结束后，再让参赛队员留下来，和他们继续踢一场，所谓独乐乐不如众乐乐也。一番动之以情晓之以理的劝说后，占用场地的人居然高兴地接受了。于是这场比赛多了很多专业的观众，气氛非常活跃。赛后，队员真的留下来与那些人继续切磋，大家都尽兴而归。事后，汤建良还与其中一个人成了好朋友，经常相约一起踢球。

而在东北高校中，最让人心潮澎湃的运动当属冬日的校园滑冰。每当天气足够寒冷的时候，万众期待的滑冰场面就会在哈工大校园里出现。不去冰面上滑两下，怎么对得起身上厚厚的羽绒服？

前一天晚上十点，学校就会在操场的周围堆一圈土，然后拉来水罐车往整个操场里面不断地浇水。水罐车游走四方，让水均匀地铺满冰面。如果有不平稳的地方就多放一些水。等这些水都结冰后，师傅们再用工具将冰面上突出的冰块刮掉，使冰面变得光滑。

经过一整个晚上的冰冻，到了第二天凌晨的时候，整个操场就成了一个大滑冰场。偌大的一个操场里面全是真冰，这种壮观的场面，在南方见惯了小旱冰场的同学是感受不到的。众多的大学生一起滑行，热火朝天，更是奏出了冰与火的奇妙交响。这种高峰体验，更是南方学子们无福消受的。

汤建良喜欢在凌晨五点的时候去滑冰，这个时候冰面刚刚冻好，还没有被人"千刀万剐"，光滑如镜，滑起来最顺溜、最带劲。当然，寒冷的冬天是没有几个人有勇气和毅力这么早起来的，但对于从小就跟着出门卖菜的父亲练就四五点钟起床生物钟的汤建良来说却不是什么难事。

作为传统的"东北高等技能课程"，滑冰早就存在于众多东北学校的体育课里。不过这是一项相对危险的运动，刚开始学习的时候，有磨破皮的，有摔坏腿的，有磕掉门牙的，所以在东北读过书的学生，以后走出社会抗摔打的能力特别强。也有冰刀脱下来，冻得脚都塞不进去鞋子，一路狂奔回宿舍，靠在暖气片上喘粗气的。也有运气好的，比如当女生遇到危险的时候英雄救美从而俘获芳心，或者不小心撞倒一位女生却因此结缘牵手的，这种情形实际上比中彩票的概率还低，不过很多哈工大的男生都曾在想象中让它发生在自己身上。

想要滑得痛快，一副好的冰刀必不可少。可惜的是，大学生一般囊中羞涩，崭新的几百元的冰刀舍不得买。于是，便催生了二手冰刀交易。老生毕业之后，卖掉冰刀，新手接盘，一般这样的二手冰刀不到一百元就可以到手了，根据新旧程度价格有所差别。除了家里不差钱的或者准备送给暗恋对象作为礼物的，一般的同学都会选择二手冰刀。汤建良的冰刀，来自哈工大"四大奇人"中的另外一位——修鞋老人。

修鞋老人是哈工大的江湖百晓生，隐居在三公寓旁边的小铁皮屋。因为修鞋利润比较低，他有时也会"不务正业"，倒卖点二手货。老人上知天文下知地理，热情健谈，见到一个学生来修鞋，很快便聊到了对方的家乡，而且他对学生家乡的了解往往比学生本人还具体，一开口就把你家乡各个地名倒背如流。许多学生就是在这个修鞋摊第一次深刻体验了"无颜见江东父老"这句话的真实感受。最神奇的是，修鞋老人居然对哈工大的各个专业都一清二楚，甚至深入细节。学生去修鞋，他问清楚哪个专业之后就要开考了，随便想一想就可以知道被一个修鞋匠问倒是多么尴尬！据说，很多学生就是去了他的修鞋摊回来之后开始发奋学习的，这也直接促进了哈工大教学科研水平的提升。

生活见证工大规格

衣食住行，是一个人生活中最重要的四种要素。大学生活中，衣和行一般都是自己的事情，但食和住却跟学校的投入和用心息息相关。这两个方面，汤建良觉得母校还是很值得称道的。

哈工大食堂兼具东北的豪放风格与哈工大的工匠精神。可能与南方的一些大学食堂相比，这里的菜论及颜值、美味和创意略逊一筹，黄金藤椒牛肉月饼、油条灌蛋、菠萝鸡饭等稀奇古怪菜系也入不了哈工大人朴实厚道的胃；铁锅炖、猪肉白菜炖粉条、小鸡炖蘑菇更加开胃；这里的什么菜都可以"炖"，以无招胜有招。虽然精致不足，但诚意有余，价格公道，分量实在，师傅们也绝不会在给你盛饭装菜的时候故意抖一抖。

在东北，感觉菜都是拿锅盛的。如果在东北上完本科，考到南方读研，你可能再也吃不饱。此外，食堂里的大厨也秉承了哈工大的工匠精神，比起同在东北的其他大学食堂，菜做得还是会精致一些。哈工大食堂的每个大厨有自己的拿手绝活，经常代表学校获得全国高校的各种奖项。菜好吃的直接证据是，每天校领导们也都是在这里吃饭的。看来，还是有资格称为"别人家的食堂"的。

而且在哈工大食堂，最吸引人的并不是饭菜，而是一位秀色可餐的馅饼西施。馅饼西施是哈工大"四大奇人"之中唯一的女性，因在食堂卖馅饼而得名。汤建良和同学们不知多少次在她那儿买过馅饼，"馅饼好吃，人靓，笑得甜"，是汤建良多年后仍然坚持对她的评价，当然这也代表了大多数同学的心声。馅饼西施甜美的笑容，让哈工大那些高知高冷的女生黯然失色，也让男生们认识到了美的真谛。

可惜现在的哈工大食堂已经不见了馅饼西施的身影，西施不知何处去，饼摊依旧笑春风，从此馅饼摊的生意一落千丈。有人说她嫁给了一位工科博士，有人说她荣升管理层退居幕后，而无数不死心的男生至今还在不停地打探她的下落。其实，这样的烦恼大可不必，这么多年过去了，纵使馅饼西施还在，可能已经人老珠黄了。英雄末路、美人迟暮是人世间最大的悲哀，她选择急流勇退，把最美丽的一面留在哈工大男生心中，正是哈工大人富于牺牲精神的表现。汤建良上学时赶上了馅饼西施的黄金年代，应该说是非常幸运的。

至于住的方面，至少在汤建良就学的年代，哈工大本部的住宿条件还不够理想，因此也遭到了很多同学的吐槽，众口难调，由来皆然。但在宿舍的管理和服务上，对比不少的大学，哈工大还是得到了同学们一致的赞许。

关于哈工大宿舍的管理服务，官方有这样一段介绍："2002年3月，学生公寓管理中心全面采用国际质量管理体系ISO 9001认证。公寓中心采用严格规范的居家服务管理的理念，倡导公寓员工为学生提供方便、快捷、家庭和规范的服务，倡导住宿学生养成文明、健康、友好、进取的道德风格。"

一般来说，类似的话往往水分很大，但从哈工大众多学子的回忆来看，上面这段话还是很靠谱的。据说，哈工大宿管们有一个很牛的本领，对自己管理的宿舍，几乎每一个学生都能叫得出名字来，真是让人肃然起敬！回到宿舍就好像回到自己家一样，这种感觉无疑是十分温暖的。

关于这点，有许多哈工大学子的回忆为证。一位女同学动情地说："印象最深刻的就是宿舍阿姨们真的很好，很暖，对我们像对自己的孩子一样。"一位男生说："每天早上起床之后，公寓阿姨在打扫卫生，食堂工作人员在为大家准备早餐，保卫人员在巡视校园，校车司机为大家提供通勤便利，他们工作的时候眉眼之间都充满了快乐和自豪。"还有一个男生回忆道："哈工大的保洁阿姨特别认真负责，为学生服务，很感谢她们。我的实验室在十一楼，在座位旁边有个垃圾桶，自己总想等垃圾多了再倒掉，可垃圾桶经常是干干净净的。后来才知道，保洁阿姨每天会专门来实验室把桶里的垃圾清走。"

对此，相比许多从事科研的校友，汤建良受到的触动显然更大，因为他日后投身的理发行业正是服务行业，哈工大师傅们、阿姨们细致入微的服务精神为他后来的创业树立了一个很好的榜样，让他看到了服务行业的典范应该是什么样的。可以说，这也是他在求学之余一个额外的收获。

学校还设身处地地为汤建良这样家境不宽裕的学子们着想，提供了许多勤工俭学的机会。得益于此，汤建良曾在数学系的资料室当管理员，而最让他享受的一次勤工俭学经历则是在新楼五楼的机房当了两年多的网管。因为那时候上网还是挺贵的，当了网管就可以免费上网，这对于高中毕业后刚刚接触互联网，渴望了解世界的他不能不说是一种莫大的快乐。

大学期间，汤建良做的最后一份勤工俭学是在学校招生办轮班进行招生咨询的工作，也就是接电话回答外地考生咨询的问题。能够帮助学校招到不少优秀的学弟学妹，让自己勤工俭学的历史以这样的方式画上圆满的句号，汤建良感到非常开心。

2005年11月13日，发生了震惊全国的松花江重大污染事件。中石油吉林石化分公司发生爆炸，爆炸的车间距离松花江只有数百米，有害物硝基苯进入松花江，使松花江受到严重污染，导致哈尔滨市自来水供应短暂中止。那是汤建良第一次感受到社会事件给人们带来生存恐慌，事发后第一天，街市上所有的矿泉水和其他饮用水全部被一扫而空，整整两周连洗澡都不行，这也成了他在哈工大学习期间危机感最强的一段时间。

职业志趣转向管理

光阴荏苒，转眼之间就要大四了。未来何去何从，一个灵魂之问摆在了汤建良的眼前。大三是汤建良最用功也是最有收获的一年，被压制了许久的雄心又被激活了。他开始研究数学建模，渴望代表学校去参加世界大学生数学建模比赛，结果没有被选上，倒是自己的室友谷成金有幸参加。他准备挑战一些高精尖的东西，聆听了雷逢春教授讲的拓扑学，最后发现太难了，实在搞不懂。雷教授在拓扑学上的造诣很深，可惜多年过去后，汤建良对这门课的印象只剩下一个"莫比乌斯带"了。接连两次打击之后，汤建良把数学当成终身事业的自信心犹如被针扎过的气球一样，开始泄气了。

大三暑假时，2006届菲尔兹奖揭晓，本次奖项由四人分享，他们分别是俄罗斯的格里戈里·佩雷尔曼、安德烈·奥昆科夫和法国的文德林·维尔纳与澳大利亚的陶哲轩。因为这一年成绩大有进步，汤建良终于有勇气关注起菲尔兹奖了。他仔细地查阅了每个获奖者的事迹，最后还是放弃了当一名数学家的理想。

四位获奖者当中，最让汤建良感兴趣的是陶哲轩，因为他是四人当中唯一的华裔，基因上和自己最接近。结果看了陶哲轩的成长轨迹之后，汤建良倒吸一口冷气。陶哲轩幼儿园就学会了几乎全部的小学数学课程，7岁就开始自学微积分，8岁前学完了高中所有的知识之后参加美国高考测试，获得760分的高分（满分800），12岁时已赢得国际数学奥林匹克竞赛金牌，21岁博士毕业，24岁成为加利福尼亚大学洛杉矶分校有史以来最年轻的正教授。他在调和分析、偏微分方程、组合数学、解析数论等重要数学研究领域里都有重要的贡献，被誉为"数学界莫扎特"。

人家是"莫扎特"，自己只能搞翻唱。在陶哲轩之前，汤建良已经在现实中见识过许多数学天赋远胜于自己的人物。不管是高中那位在"史上最难高考"中考出满分的同学，还是哈工大数学系那位碎片化睡觉的奇人，都让他自愧不如。但有时他也会怀疑不过是自己的潜能还没被开发出来，任督二脉尚未打通而已。读了陶哲轩的故事之后，汤建良才真正有了河伯初见大海的感觉，只剩下望洋兴叹的份儿，如此汪洋恣肆，浩无际涯，自己尚不能窥其万一。

另外一位得奖的俄罗斯数学家佩雷尔曼的事迹，则从另外一个角度证伪了汤建良有希望成为数学家的命题。佩雷尔曼和陶哲轩一样都是数学神童，16岁成为苏联最年轻的数学国际竞赛金牌得主。佩雷尔曼这次获得菲尔兹奖是因为解决了庞加莱猜想。庞加莱猜想由法国数学家庞加莱于1904年提出来，是拓扑学一个最基础重大的猜想，也是美国克雷数学研究所悬赏的七个千禧年大奖难题之一。这个百年来无人解出的猜想，硬是被佩雷尔曼变成了庞加莱定理。然而，比这更让人瞠目结舌的是，接下来佩雷尔曼又成了世界上唯一一位拒绝了菲尔兹奖的数学家！

考虑到佩雷尔曼有不出席颁奖礼的习惯，世界数学家联盟主席约翰·博尔爵士亲自到圣彼得堡劝说佩雷尔曼领奖，但佩雷尔曼视金钱名利如粪土，拒绝一切荣誉和奖金，委员会只好对着他的照片颁奖。而此时，佩雷尔曼正在自己家附近的小树林里，跟母亲一起采蘑菇。这位世界上最纯粹的数学家，屋内只有一张桌子、一个凳子和一张床，床上堆着脏兮兮的被褥，三餐只喝牛奶和啃黑面包，散步只去林间小路，连婚都不结，除了研究数学外没别的爱好。

看完佩雷尔曼的故事，汤建良长叹一声，这不就是徐阳教授所说的"选择数学就是选择孤独和寂寞"吗？而自己爱热闹、爱交朋友、爱到处去丈量世界，也会为了得到奖学金而开心不已，这种种迹象似乎都意味着自己不是一个当数学家的材料。

不过这次，汤建良并不像大一数学分析考34分时那么沮丧了。哈工大三年的数学专业学习，已经使他明白一个深刻的道理：数学不是一种技能，而是一种思维，一种人生的哲学。数学是一种智慧，不断寻找最好的办法让复杂的问题简单化。小学里使你焦头烂额的四则应用题，一旦学会方程，做起来倍儿轻松。曾经使许多饱学之士望而生畏的曲线切线或面积计算问题，一旦学了微积分，解决起来简直不要太容易。而在这个过程中，你需要不断地解放自己的思想，突破各种清规戒律的束缚，这从小学学习加减乘除就开始了。两个数相减可能不够减，引进负数就够了；两个整数相除可能除不尽，引进分数就可以了；负数不能开平方，引进虚数就开出来了；很多现象是不确定的，引进概率就有规律了。

数学学习的过程实际上是在告诉一个人，不要被以前的自己所束缚，不断地学习和创新就能超越以前的自己。况且数学还是如此博大精深，你学得越多，越发现自己的无知，渐渐生出敬畏之心；而唯有心怀敬畏，才能走得更远，这对于汤建良日后创业也很有启发。

想明白之后，汤建良就决定利用自己所掌握的数学思维和数学知识，去追寻自己感兴趣的事业。他把目标定在了工商管理上，一来管理学跟数学息息相关、密不可分；二来家里长期干个体户，耳濡目染，使得他对经商也非常有兴趣。汤建良做出了一个重要的决定，从数学转向经济！为此，他曾给清华大学经济系的一位老师写信，咨询报考清华大学计量学经济研究所的相关事宜，同时又给哈工大深圳校区管理与科学工程专业的老师写信，希望能去那里读研。最终，在两者的权衡中，汤建良的天平很快倾向了后者。自从初二看到那本《花季雨季》以来，深圳这俩字就对他有了一种魔力，让他一直渴望到那边去看看。在寒冷的哈尔滨，这个愿望冬眠了三年，如今又被唤醒了。

定下了目标，汤建良拿到一张哈工大管理学院的课程表，开始频繁跑到那边去蹭课，聆听了包括经济学和管理学在内的诸门课程，他比较喜欢运筹学，欣喜地发现这门课程跟数学的关系特别紧密。

在准备考研的过程中，汤建良也跟前面提到的哈工大"四大奇人"中剩下的那位"树下老人"有了接触。

"树下老人"原名刘震北，退休前是能源学院的教授。1999年，他退休后发挥余热，在诚意楼前的大树下重新上岗。这个地方是学生们去食堂的必经之路，经过的人非常多。老人每天都会拎着一个装满各种考研资料的蓝布袋，骑着自行车从家里赶到大树下，一天三次坐班，义务为考研的学子搜集资料，提供各种咨询和帮助。考研资料不仅包含本校专业，还有其他院校的资料，都整齐有序地摆放着。如果资料他没有的话，就会把你的需求登记下来，回头帮你寻找。如果树下一时问不明白，还可以去他家里继续问。有个同学回忆自己到老人家里咨询，老人一连给自己这个素不相识的学生讲了三个小时，不知疲倦，其俯首甘为孺子牛的精神真是让人高山仰止。老人还兼职德育导师，经常谆谆教导准备考研的同学说，生活无小事，一定要注意生活上的细节，做好人、做好事，这样生活会好，学业、事业也会取得成功。

汤建良大三那年，"树下老人"生了一场大病，此后出行不得不靠轮椅，口齿也不太清晰了。但老人还是像以往那样，坚持每天出来为考研的学生们服务，直到2013年底去世为止。老人给了汤建良一份珍贵的考研真题，汤建良毕业前又把它转送给了一位准备考研的学弟，也算是薪火相传了。

知行合一穷游东北

哈尔滨是一座让人怀念的城市，尤其对于汤建良这样的南方学子，这里夏有凉风，冬有飘雪。汤建良的江西老家虽然偶尔也会下点小雪，但到了哈尔滨之后，他才发现自己在家乡看到的只不过是雪花而已。哈尔滨11月后就开始下雪了，最开始的几场雪下了还会慢慢融化，但到后来，天气越来越冷，雪就基本不化了，一层摞一层的，道路上的雪全靠清雪队清理掉。这也给汤建良他们提供了一个集体活动的机会——扫雪，就是下大雪的时候把雪铲开，将主路清理出来。

汤建良读小学的时候学过一篇关于扫门前雪的文章，但是在他老家雪一下在地上就化掉了，所以他早年根本就看不懂那篇文章。到了哈尔滨，才真正理解了文章中所描述的内容。

扫雪的工具主要是扫帚和铁锹，活儿颇不轻松。对于汤建良这样从小经常插秧收稻的，自然不在话下。但有些同学平时很少干活，细皮嫩肉，干完活儿才发现自己的手磨出了血泡。有的时候，细心的同学发现了，会主动把铁锹要过来，说声"我来吧！"，这个画面别提多温馨了。可惜哈工大女生太少，否则一定可以扫出不少的缘分来。

想想在大雪纷飞中，两位小情侣撑着一把伞一起走过校园的样子吧，简直是神仙眷侣！有些大学里谈恋爱的同学会一起去冰雪大世界，让童话般的冰灯见证自己的爱情。但这种方式不值得推荐，因为春天一到，冰雪就会化掉了。

渐渐地，对鹅毛纷飞的大雪，汤建良已经习以为常了。他回忆自己有一次从家里到哈尔滨，火车到哈尔滨站是凌晨三点，外面又黑又冷，街上空荡荡的，死一般寂静。他一个人背着行李，在膝盖深的厚厚的大雪中走了半个小时到学校，一点儿也不觉得害怕。

东北的雪不仅可以赏，还可以玩。冬天的校园里经常会出现各种千奇百怪的雪人，成为雪的行为艺术。滑雪也是大学生们喜欢的运动，寒假的时候，汤建良会跟同学到哈尔滨著名的二龙山滑雪，他得意地说自己只花了两个小时就学会了滑雪。

后来，汤建良还利用雪地练起了功夫，有时他会光着膀子坐在雪地中，两腿盘坐，双手合十，像一个入定的老僧。只可惜没有长期坚持，未能练成寒冰掌这类神功。

如今，身处深圳，汤建良已经很多年没有看过像样的大雪了。每当回忆起大学时代，他眼前总会浮现出那大雪纷飞、一望无际、天地皆成银世界的奇幻场景来。

哈尔滨的景点很多，为喜欢用脚到处丈量世界的汤建良提供了丰富的资源。最有名的当然是中央大街，中央大街始建于1898年，全长1 450米，据说是目前亚洲最长的步行街，以其独特的欧式建筑、鳞次栉比的精品商厦、花团锦簇的休闲小区以及异彩纷呈的文化生活，成为哈尔滨市一道亮丽的风景线。冬天一到，精美绝伦、五彩缤纷的冰雕更是把中央大街点缀得美不胜收，因此天气越冷这里的气氛越热烈。

当然，对于在哈尔滨读书的男生们来说，逛中央大街最大的福利是看美女，哈尔滨可是盛产美女的地方！南方固然也有很多美女，可是比起北国的佳人来，如郁达夫《故都的秋》里面所说"正像是黄酒之与白干，稀饭之与馍馍，鲈鱼之与大蟹，黄犬之与骆驼"，味道不浓，回味不永。

坐落在哈尔滨市道里区的索菲亚教堂是哈尔滨的地标性建筑。索菲亚教堂是中国目前保存最完整的拜占庭式建筑，建成于1907年3月，原为沙俄东西伯利亚第四步兵师修建中东铁路的随军教堂。教堂是哈尔滨最漂亮的异域风情建筑之一，每天有很多情侣慕名而来拍结婚照，有鸽子相伴。毕业的时候，汤建良作为班长特地组织班上的同学穿着学士服到中央大街、索菲亚教堂和松花江边去拍照，把哈尔滨最美的风景定格在照片里。

有一个周末，汤建良还组织班里的同学来了一场部队急行军式的拉练兼出游。晚上十一点从哈工大出发，走到第二天凌晨五点多钟才到达郊外，开始踏青。年轻人就是这样，精力充沛，喜欢挑战，到现在他回想起来还会陶醉在当年那种激情中。

汤建良自己也热衷于到处走一走，搞一搞田野调查之类，成为潜伏在数学系中的社会学系学生。大二的暑假，汤建良跟着张德旺老师去了以出产优质大米而闻名的五常进行社会实践，这让农家子弟出身的他非常兴奋。尝到了甜头之后，汤建良逮到学校有什么社会实践的机会便立即写信申请，至今他还保留着大三时申请去带岭参加暑期社会实践写给学校的一封信。

到了大三大四，也就是本科生活下半场，汤建良和他的铁哥们儿进行了两次说走就走的出游，也算是他们大学时代履行知行合一的重要实践。

第一次出游是在大三的"五一"长假，汤建良和王亮、赵鹏，以及王亮的两个高中同学一起组团去了黑河。那时由哈尔滨开往漠河的列车仍是老式的绿皮火车，有些破烂陈旧，他们在车上摇晃了20个小时才到达目的地。这一次出游可以概括为"红与黑"之旅。"红"是指黑河市五大连池的火山。五大连池是世界上保存最完整、最典型、年代最新的火山群，被誉为"中国火山博物馆"。园区内有规律地分布着14座火山，最近的一次爆发距今不足300年，当时火山喷发的熔岩阻断了河流，形成了5个相互连通的湖泊，也就是今天我们看到的五大连池。5个人爬上了火山口，在刻有"山巅火口"的石块边留下了一张合影。虽然下面的火山石是黑乎乎的，但可以想象当年火山喷发那红红火火的情景，是为"红"之旅。

五大连池最吸引人的是泉山下面的北药泉，泉水透明无味，富含很多矿物质离子，是蜚声中外的世界名泉，享有"神泉""圣水"的美誉，和法国的维希矿泉、俄罗斯北高加索矿泉并称为"世界三大冷泉"。几个男生喝了北药泉的神泉之后，就像《射雕英雄传》中郭靖喝了药蛇血，顿时浑身燥热、活蹦乱跳。据汤建良回忆，5月初尽管别的地方已经春回大地，但黑河的温度仍在0摄氏度左右，地上的积雪尚未融化，他们就在这样寒冷的天气中光着膀子乱跑。

"黑"是黑龙江，黑河市区以黑龙江主航道中心为界，越过两三百米宽的黑龙江，对岸就是俄罗斯远东地区第三大城市、阿穆尔州首府——布拉戈维申斯克（海兰泡），这是汤建良到了黑龙江省之后第一次直面黑龙江。

江边有不少卖望远镜的，可以用来眺望对面俄罗斯的美女，不过一般看到的都是水桶腰大肚腩的俄罗斯大妈。黑河之旅，汤建良带回来的纪念品就是一架军用望远镜。好友林俊也在这时发现了汤建良的商业头脑，说他："眼光独到，初现商业头脑。记得有一次旅游到中俄边境小镇，汤建良对望远镜、打火机、套娃等工艺品爱不释手，直言放假买一批带回家去倒卖。"

黑河对岸原来是中国的领土，叫作"海兰泡"，后来被俄罗斯抢走。1858年，在沙俄东西伯利亚总督穆拉维约夫的武力威逼下，黑龙江将军奕山被迫与之签订了丧权辱国的中俄《瑷珲条约》，海兰泡从此被俄罗斯割占，改名为布拉戈维申斯克。在签署条约的瑷珲新城遗址，后来建起了瑷珲历史陈列馆。汤建良一行特地去这个陈列馆进行了一番爱国主义游学。

大三这一次出行，尽管行程比较简单，但兼顾了自然和人文风景，也算颇有收获。汤建良的学生时代保持了潇洒的穷游风格，因为确实是穷。从黑河回来的时候，他身上就只剩下一元钱了，最后是从火车站走回学校的。

大四的出游是汤建良的毕业季旅行。他和王亮、赵鹏，再加上林俊组成了"东北F4"，由北向南，从黑龙江到吉林再到辽宁，来了一次东三省穿越之旅。

这次毕业旅行是在2007年4月。4人先由哈尔滨出发去长春，到长春后，他们去了吉林大学，和兄弟院校来了个串联。然后从长春坐火车到了通化，再由通化前往此行一个重要的目的地——集安。从通化到集安坐的是一种慢悠悠的小火车，全程两个多小时，穿行于山林和村镇之间，入眼尽是风光。这种慢生活的惬意让即将毕业走向快节奏生活的汤建良深有所感，迄今仍不时怀念。

素有东北"小江南"之称的集安依山傍水，风景秀美，文化底蕴厚重。集安位于鸭绿江中游，和朝鲜隔江相望，1951年10月，中国第一支入朝参战的部队就是从集安雄赳赳气昂昂地跨过鸭绿江的。集安口岸是我国对朝三大口岸之一，两岸往来频繁，"东北F4"和守桥的士兵们天南海北侃起了大山，体验了一回军民鱼水情。

离开集安后，四人继续南下辽宁，先大连后沈阳，完成了本次毕业之旅的最后两站。在大连，汤建良第一次看到了大海，领略了海阔天空的意境，其后他们逛了国内首家极地馆、大连老虎滩海洋公园。在沈阳，他们参观了故宫和大帅府。

大四的毕业之旅行程一星期，作为数学系的学生，他们通过严密的计算，晚上基本住火车上，白天再去旅行，大部分钱都花在门票和吃饭上面，人均不到700元钱，还是一如既往的穷游。学生时代无家庭之缠身，无公务之劳形，心灵自由，无拘无束，邀上三五知己，一路谈笑风生，趣味盎然，这是一种独一无二的记忆，是花钱也买不到的快乐。

有了这一次毕业旅行，"东北F4"的友情更加深厚了。毕业之后，汤建良去了深圳，王亮在武汉，赵鹏到新疆，林俊定居台州，F4天各一方，但感情不散。2016年11月，林俊结婚，给汤建良发去了请帖，没想到汤建良携家带口，从深圳坐了8个小时的高铁到浙江台州来参加他的婚礼，可把林俊感动坏了。

哈工大四年启示录

在2007年哈工大数学系免试攻读硕士学位研究生排名名单上,汤建良刚好"压轴"入选,排名26人中最后一个。按照当时学校的政策,前18名同学可以直升硕士,而后8名同学有选择直升博士的机会,也就是硕博连读。不过,汤建良一门心思去深圳读书,婉拒了学校的好意。

2007年1月20日和21日两天,汤建良参加了硕士学位研究生招生考试。20日考的是政治和英语,21日考的数学(三)和运筹学。考数学前的那天晚上,汤建良几乎一晚无眠,直到凌晨四五点才睡着。时光似乎又穿越到他中考最后一天前的那个晚上。过程如出一辙,但结果却大相径庭,他考研分数是政治59,英语68,数学(三)93,运筹学98,总分318,在自己最拿手的数学科目上大意失荆州了,150分才考了93分。那年哈工大深圳校区管理科学与工程专业录取线是340分左右,汤建良遗憾地失之交臂。

大概是很自信考研不会失手,在3月考研成绩出来之前,汤建良并没有急着找工作。直到自己名落孙山,他才意识到时间所剩不多了。正当他为找工作发愁的时候,深圳的比亚迪公司来哈工大招聘,正好汤建良朝思暮想要去深圳,双方一拍即合。2007年的夏天,汤建良成为比亚迪生产计划工程处的一名品质工程师,结束了四年冰城求学的生涯。

大学阶段是人生中的重要阶段,摆脱了令人窒息的高考,开始追逐自己的兴趣和理想,很多学子由此真正走向成人自立。而在离开了家庭之后,学校的影响就被放大了。回首本科求学这四年,汤建良觉得母校至少有三个方面对每一位哈工大的学子都影响深远:

第一点是爱国。

爱国是哈工大最重要的传统,其中最有象征意义的莫过于"八百壮士"的故事。

成立于1920年的哈工大,前身是隶属于中东铁路的一所专业技术学校,绝大部分教师都来自苏联。新中国成立之初,哈工大由苏联移交给中国管理,一大批从祖国各地而来的青年才俊响应国家号召,怀抱科学救国、工业强国的理想,汇聚于冰天雪地的北国冰城。他们当中的许多人放弃了南方鱼米之乡优越的生活条件,来到地处边陲、气候严寒的黑土地。到了1957年,哈工大培养出平均年龄在27.5岁的800多位年轻教师,历史为他们留下了一个响当当的名字——哈工大"八百壮士"。"八百壮士"是哈工大各专业的创始人和奠基者,也让哈工大成为"工程师的摇篮"。到汤建良求学时,他们或已离去,或已耄耋,但其"心有大我,至诚报国"的精神,始终激励着一代代后来者。

入校后不久,汤建良和他的同学们就已经听说了史诗般的哈工大"八百壮士"故事,也知道数学系游宏老师就是"八百壮士"之一。"八百壮士"的故事让众多哈工大学子壮怀激烈,立志投身祖国最需要的地方,其中就包括汤建良的铁哥们儿赵鹏。赵鹏是国防科工委的国防生，原本可以去发达的城市工作，但他却义无反顾地奔赴条件艰苦的新疆喀什，研究北斗卫星去了。知道赵鹏的选择后，当时汤建良还特地关切地问他将来会不会后悔，希望好友三思而后行，赵鹏斩钉截铁的回答让他在汤建良心目中的形象一下子高大了很多。

学校也常通过各种充满正能量的活动培养和增强学子们的爱国精神。大一的时候，汤建良所在的数学系就组织大家参观了"侵华日军七三一部队遗址"，让外地学子们走出教科书上的概念，直面血淋淋的物证，明白国家强大对于个体之意义。

最让汤建良难忘的是2005年10月12日，"神舟六号"载人飞船发射的日子，哈工大千余名师生在学生活动中心观看了飞船发射的现场直播。9时整，火箭点火，带着两名航天员冲天飞起，学生活动中心一片沸腾。哈工大航天学院被誉为"中国航空航天领域的黄埔军校"，"神舟六号"飞船的总设计师和系统总指挥都毕业于哈工大。这一天，汤建良作为千名学子其中之一，和大家一起见证了祖国与学校荣光的同频共振。

第二点是敬业。

哈工大的校训是"规格严格，功夫到家"，这句校训如实地表现出了学校的气质——朴实无华、严谨、认真、负责，在汤建良的眼里，哈工大的老师和学生或多或少都带有这样的气质。

有一次，汤建良走进哈工大校史馆，看到了当年"八百壮士"们留下来的手稿，让他惊叹不已。一张张手写笔记整齐陈列如印刷体一般标致工整，没有一处涂抹，每条分数线的长度都相等，就连加号、减号都是用尺子比着写的。想一想，对自己都这样严格要求的老师，对于学生又怎么可能放水？"八百壮士"中的许多老师上课都是从来不用讲义的，功夫到家，讲义早已烂熟于心，人书合一，挥洒自如，行于所当行，止于所不可不止。前辈风范，山高水长。

据说几十年来，哈工大的老师们对于校训都有一个共同的理解："规格严格"是过程控制，要求严谨踏实、按章施教；"功夫到家"是目标控制，要求质量过关、水平到位。工程师出现一点瑕疵可能就会造成难以估量的后果。因此，老师们对于学生水平的把关是非常严格的，决不把劣质产品推向社会。

受工科标准影响，纵然是在理学院，也不可能让你轻松过关。2007年数学系推免攻读硕士的名单上，汤建良的平均成绩只有67分，而这已经是系里排名中游了，他说80分以上的都是相当厉害的，可见哈工大数学系的质量把关还是非常严格的。后来那些80分以上的同学大多都读到博士，成为海内外不少高校的学术精英。

老师们严格，学生们自然也不敢懈怠。即使是零下二十几摄氏度的大清早，在校内也可以看到许多学子静静地背着书包踏着雪独自走向教室或图书馆自习的身影。汤建良不知道凌晨三点钟的哈佛大学是什么样子，但凌晨三点钟的哈工大还有许多学子在挑灯奋战，这确实是他亲眼见证的。特别是一些工科的学子，为了实验进度比别的竞争者快一点，没日没夜地在实验室里战斗。

汤建良回忆自己的一个舍友王子龙，基本上是早晨自己起床时他就已经走了，晚上自己睡着了他还没回来，人如其名，神龙见首不见尾。王子龙后来保送北大数学系读密码学，从此就像他就读的专业一样被密封了，杳如黄鹤，无影无踪。

第三点是友善。

朴实善良，是哈工大人待人接物的方式。你在哈工大向一位老师请教问题，向一位学长询问事情，向一位同学问路，向一位员工咨询事务，他们一般都会和颜悦色、尽心尽力地帮助你。在校期间，汤建良曾被很多人施以援手，也为很多人提供过帮助。

从大一开始，汤建良和同学们就开始学雷锋做好事了。他们集体帮扶了一位住在哈工大二校区附近，腿脚不便的何阿姨。据汤建良大一时的同学付帅（也就是转专业去同系另外一个专业后来去了法国那个女同学）回忆："我们每周末去看何阿姨，有李鑫、小何、郑、大谷、汤，有时候还有赵鹏，我们给她买水果，为她唱歌，还背她下楼遛弯儿。大二的时候还麻烦我爸给她送去了一台轮椅。阿姨会给我和小何织帽子和袜子什么的。"

大三时，汤建良曾以班长的身份帮助班里一个河南同学申请了一笔数额不小的助学金，那个同学后来特地请他吃了碗河南烩面，这碗面的味道直到现在汤建良还记得。

这种好善乐助的精神最终反过来帮助了汤建良，让他收获了大学毕业后第一份工作。当他前往比亚迪公司报到的时候，负责招聘的HR告诉他，公司之所以会录用他，是因为当时他的一个同学忘记了带简历，而他热心帮了这个同学的忙，这一点给了HR非常好的印象。对于这件事，汤建良当时并没放在心上，事后也忘记了具体的细节，但助人就是助己，他更为深刻地理解了。

当然，同学之间天天相处，难免有点摩擦。大三开学后，身为班长的汤建良和身为学习委员的谷成金大概因为班级事务闹了点小矛盾，有意思的是，从矛盾化解的过程，我们也可以见识一下哈工大人面对这种问题时的处理风格。

当时，汤建良给自己同系的师兄闫雪虎写信求教，闫师兄立即化身心理辅导员，第一时间给汤建良写了一封回信。信中师兄以"知心姐姐"的语气讲述了这样一个真实的故事：一个班长因为学习委员和自己对待班级工作的想法和做法不一致，以为他和自己离心离德，内心愤愤不平。终于有一天，班长在宿舍兄弟一起吃饭的时候爆发了，跳着脚指着学习委员的鼻子大骂，学习委员没有以暴制暴，而是明智地以柔克刚，忍受着对方横飞的唾沫耐心解释，终于让班长明白自己的苦心，于是"两人都把事情挑明白说清楚了，从此以后两兄弟齐心协力建设班级"。

最后，闫师兄巧妙地显出原形："实不相瞒，那个学习委员就是我自己！"信的最后他还不忘像老大哥一样谆谆嘱咐："此学期你们课程成绩非常重要，须重视！望顺利！"不用说，这封真诚感人而又饱含艺术性的回信深深打动了汤建良，他立即回信向师兄保证自己一定会和谷成金尽弃前嫌，"一起努力把班级建设得更好"。

看看，画面多和谐，哈工大人闹矛盾都可以这样优雅地解决，这确实很"哈工大"！

骊歌响起，难说再见。毕业聚餐上，汤建良喝高了，喝得连眼镜都找不到了。据他回忆，自己读大学的时候，如果是晚上聚餐或者有人请客的话，大家基本上从早晨开始就不吃饭了，为了晚上那一顿。说到这里，他感叹道：年轻真好！此后直到现在，汤建良聚餐时再没有像大学时代一样饥渴而尽兴。

2007年7月9日，汤建良顺利完成了自己的论文答辩，论文的题目是"Hardy-Littlewood极大函数的加权范数不等式"，导师为包革军教授。正如许多理科生一样，毕业许多年之后的汤建良已经看不懂自己的大学论文了。答辩完成后，汤建良和几个同学请包老师吃饭。饭店有唱歌的地方，并且唱歌还能显示分数高低。包老师"老夫聊发少年狂"，一展歌喉，但是无论他穷尽各种算法来唱，分数都上不去，很伤面子。最后汤建良给导师当了一回导师，告诉他其实没那么复杂，分数无关唱法，只跟音量有关，于是亲自示范，用狮子吼唱法得到了一个满分。

离校前夕，汤建良收集同学们用不到且有价值的学习资料、考研资料，在哈工大校园内摆摊卖货，他的"商业头脑"又一次把同学林俊惊讶到了。离别那天，几个好友来送行，还是那座百年历史的哈尔滨火车站，四年前汤建良从这里来，四年后他又从这里去。

八年志"汽"

相对学识和能力的增长,汤建良觉得三年MBA生涯,对自己更大的影响是性格上的改变,以前他沉闷有余,开放不足,读了MBA之后,才开始变得大开大合,敢想敢做,整个人焕然一新。以前他总是在旁边笑,现在他喜欢在丛中笑,学会了抢占C位。

比亚迪汽车工程师

按照就业协议的约定,汤建良必须先到比亚迪位于西安的汽车产业基地工作半年,半年之后方能调往深圳总部。虽然不能马上奔赴自己最向往的城市,但能借机第一次踏上中国西北的土地,欣赏十三朝古都的风采,对于热衷丈量世界的汤建良肯定不会觉得失望。果然,2007年7月13日,他到达西安的第一天就惊呼:古城西安魅力无穷啊,我已经喜欢上这里了!

汤建良工作的比亚迪西安汽车产业基地,几年前还叫作西安秦川汽车有限公司。秦川汽车原本是一家军工厂,隶属于兵器工业集团,和平时期没活干了,只好军转民,从造坦克改行造汽车,并且师夷长技,引进了日本铃木的汽车制造技术。之后,秦川汽车有过短暂的辉煌,但作为老牌国企,体制落后,竞争力不足,很快就显出颓势。到2003年的时候,已经是屡战屡败,连年亏损。

正当秦川汽车江河日下的时候,比亚迪的发展正如日中天,卖电池赚到了大把钞票,成为全球第二大充电电池生产商。这时王传福敏锐地意识到主业快到天花板了，于是决定转型。经过深思熟虑后，他把眼光投向了发展空间巨大的汽车产业，但苦于没有造车资格。而西安秦川空有造车资质，却没钱经营了，正在找出资人救援，双方一拍即合。2003年1月22日，比亚迪收购了秦川汽车，借助秦川的汽车资质和生产线，成立比亚迪汽车公司。比亚迪史上的第一款车，就是让原来的秦川福莱尔改姓，变成比亚迪福莱尔。

新生培训会上，汤建良见到了仰慕已久的比亚迪创始人王传福。汤建良跟自己的老板在身世上居然有几分相似，都出身于兄弟姐妹众多的农村家庭，父亲都在他们13岁时去世，后来都通过自己的努力考上了重点大学。当然，王传福的命运还要更坎坷，他16岁时母亲也去世了，靠着哥嫂砸锅卖铁才上了大学。

艰难困苦，玉汝于成，再加上命运中一些相似的经历，让汤建良把王传福视为自己的创业偶像。虽然此后在公司里两人等级悬殊，没有直接的接触，但汤建良所在的品质部经常需要向上级请示一些问题，比如某个产品要不要使用，是否增加某个设备，某个配置是否需要更换。汤建良和他的同事是方案提供者，而部门经理则会据此向王传福汇报。汤建良吃惊地发现，就连车里面一个一元钱的小扣子需不需要保留这样小的事情，王传福往往也要亲自拍板。一个小扣子或许微不足道，但乘以庞大的汽车销量，可就是不小的金额。这是一个曾经的贫家子弟一贯勤俭的作风，是一个技术至上者对于细节的追求，也是汤建良在比亚迪"商学院"学到的一课。

不过王传福高高在上，离自己比较遥远，未免可望而不可即。汤建良当时最仰慕的人是自己的顶头上司，生产计划经营处总经理万秋阳。他毕业于南京大学，年纪刚刚30出头，年薪已过千万，是公司内部最年轻的总经理，受到公司众多的年轻人膜拜。

汤建良的职位是比亚迪生产计划工程处品质工程师，负责汽车品质保障工作。就一般人看来，保障汽车品质跟做数学题并没有直接的关系，倒是跟汽车维修工看起来关系更密切。但比亚迪并不会这么想，这也是其能成为比亚迪的原因。比亚迪看重的是一个名牌大学毕业生身上的学习能力和学习态度，技能不懂可以教，只要你肯学，你会学。

新毕业生到比亚迪之后要从基层做起，品质部工程师尤其如此。首先下到生产车间，观摩生产流程并向师傅们学习。到了车间后，汤建良才如此近距离地感受到了中国制造工人的了不起。有一次，汤建良向一个工人学习仪表盘分装，看似很简单的东西到了他手里却怎么也弄不好，费了很大的功夫总算学会了。还有一天，他看到一位瘦瘦弱弱的工人居然可以轻松地举起一辆没有发动机的车，不由目瞪口呆，然后他自己也上去试了一下，结果汽车根本不为所动。这是实实在在的中国工人的力量，来自千锤百炼，而不是武侠小说中的某种内功心法，让汤建良油然生敬。

从学校到社会，毫无准备地进入一个完全不熟悉的领域，就像初学游泳的人不时会呛几口水，滋味非常难受。这一段时间的学习中，汤建良也时常感到力不从心，情绪不免悲观。2007年9月5日，汤建良在日记中写道："今天，终于体会到了公司和学校是不一样的，我发现自己致命的缺点，就是学东西学得不够透彻，也没有办法静下心来努力学习点东西，人生是一个学习的过程，所以我想我要开始努力学习了。"这段看起来有点绕的话，却恰如其分地反映出了他那时的心绪。

第一份工资拿到手，汤建良做的第一件事就是给母亲买了一部诺基亚手机。国庆节放假，汤建良回到江西，亲手把这份礼物送到母亲手中。母亲虽然嘴里责怪儿子太破费,但脸上控制不住的笑容还是印证了她心里的快乐和自豪。2007年,苹果手机发布了初代iPhone,宣告新智能手机时代的到来,也让诺基亚终结了辉煌,汤建良终于让母亲赶上了诺基亚最后的荣光。几个月后,汤建良在调回深圳的同时也把母亲从江西老家接到了深圳,此后十几年一直相伴在母亲身边。

参加工作三个月左右,汤建良就开始不安分起来,同事中有一个比他早两年从西安交大出来的,还有一个更早从吉林大学毕业的,算是老大哥了。三个人经常在一起指点商界、激扬市场,年轻人血气方刚,谈到兴起,不觉生出比肩两马(马云、马化腾),上追二王(王传福、王健林)的幻想来。于是,他们合计着干一番大事业。经过反复讨论,三人研究出了一个计划,主要的思路是通过一个热线电话和QQ群,招募、邀约想要购买同一款汽车的消费者,把他们联合起来跟4S店讨价还价,最终商家扩大了销量,买家节省了费用,而己方也从中获得收益,实现三赢,商业模式类似于后来风行的团购网。

如果放在今天,这类汽车团购已经是遍地开花了,一点儿也不稀奇。可在2007年,别说团购汽车,连网上团购都没有,中国的互联网团购业态是2010年才产生和发展起来的。干得好不如干得早,要是三个人那时能把这项目做起来,没准今天已经是团购界的大佬了。遗憾的是,项目最终停留在纸上谈兵的阶段,胎死腹中,光激动没行动。

三人原本计划去租赁一间办公室,让对汽车最懂行的老大哥跳槽出去先打头阵,然后兄弟俩再跟上。但老大哥一听不干了,一来三人中只有他是根红苗正的汽车工程师出身,毕业于国内最好的车辆工程系,对老本行很有感情,不像另外两人半路出家;二来三个人情谊还没有深厚到刘关张桃园三结义的地步,况且老大哥上有老下有小,没有义务和勇气为了兄弟牺牲自己，先出去冒险。

　　应该说，老大哥是理性的。那会儿，这事儿失败的概率实在不小。那时正是汽车消费市场蓬勃发展的阶段，汽车根本不愁卖，而在商家看来，这些搞团购的不过就是个自带客源的销售代表。既然商家不缺客源，那么在商家面前"团长"们就没有什么话语权。而在买家这边，又把这些"团长"看作二道贩子，本能地加以警惕和排斥。那时候还没有网上团购的概念，也没有天使投资人和相关的创投机构关注这个领域，靠自己杀开一条血路，阵亡的概率太高了。

　　这是汤建良的第一个创业计划，虽然最终没有付诸行动，却使他初次体验到了创业的艰辛。就像一个新生命的孕育一样，可能没等到成熟就流产了。

西安邂逅终身伴侣

到西安后的一段日子，天天关在车间和办公室里闭关修炼，简直把汤建良憋坏了。2007年9月10日，他终于偷得浮生一日闲，逛了一下秦始皇陵兵马俑，并且写下了这样一段观后感："身处兵马俑旁时，我仿佛感受到了中华五千年的灿烂文明，竟是那样的真实，感受到了秦始皇当年的霸气。兵马俑规模宏大，场面威武，气势上空前绝后，具有很高的艺术价值。"

汤建良亲眼看到了坑内出土的剑、矛、戟、弯刀等青铜兵器，虽然埋在土里已有两千多年，依旧刃锋锐利，闪闪发光，这些封存两千多年的兵器仍然杀气腾腾，让人不禁回想起当年秦人拿着它们逐鹿天下时，那种一往无前的场景，那种秋风扫落叶般的气势。秦风烈烈，穿越两千多年时空，余威不减，催人奋进。

5天后，在公司组织下，汤建良一行23人包车前往西安城南约35公里处的南五台山爬山。南五台山属于终南山支脉，山形峭拔、风景秀美，有"终南神秀之最"的美誉，因山上有观音、文殊、清凉、灵应、舍身五台而得名。山顶可以北望八百里秦川，汤建良站在主峰之上，只见秦岭层叠，浩瀚无涯，不禁意气盈怀，涤荡胸中；又见关中苍茫，楼阁像棋子，车行若蝼蚁，渭河宛如一条细线，顿觉天地阔大、人生渺小。此山自古以来就是著名的隐居圣地，至今仍有众多隐士在这里清修，远离尘世喧嚣，心灵归于宁静。在这里，汤建良觉得两个多月的劳累和烦躁一扫而空。

下山的时候，汤建良看见一个六十多岁的大爷挑着很沉的东西在陡峭的山坡上行走如飞，立刻想到了教科书上的泰山挑夫，于是主动请求帮大爷挑一段，结果发现自己别说"飞"，连走都困难，这让他再一次感受到了劳动人民的力量。

观兵秦陵，问道终南。汤建良见识了西安的双面，一刚一柔，一动一静，能进能退，能伸能屈；既可虎视天下又可退隐林泉，这是古城丰富的内涵，也是一种高深的人生哲学。

此后，汤建良一发不可收拾，开始了古都巡游，还据此写了一篇总结报告，报告开头他提到西安这座城市和很多地方不一样，基本是方方正正的，所以在西安不容易迷路。遗憾的是，这篇报告当时发表在人人网上，受人人网破产的牵累，后面的内容已经看不到了。

不过，汤建良漫游西安最大的收获不是认识了西安，而是认识了自己未来的终身伴侣——王国荣。汤建良刚毕业不久，对于大学校园还有一种惯性的留恋，经常到西安的大学里缅怀时光，陕西师大正好离比亚迪西安基地比较近，更是他常去的地方。

原本想在陕西师大找到哈工大读书时的感觉，可是很快汤建良就发现自己错了，这两所学校风格截然相反！哈工大男多女少，陕西师大女多男少，取次花丛，催醒了他潜藏多年的本能。彼时的汤建良刚刚在西安租住的小区内拍了一张雪地里盘腿参禅的照片，照片上的他一副六根清净、无欲无念的神态，光着上身，靠修炼多年的童子功抵御外界的寒冷。而仅仅几天之后，他就堕入红尘了。

2007年10月14日，汤建良花了5 700元买了一部惠普3643笔记本电脑，这也是他买的第一台电脑，为此兴奋不已。此后，汤建良经常拎着笔记本电脑到陕西师大自习室里自习，那年头学生有一个笔记本电脑还是很风光的，他非常享受这种感觉。

11月18日，汤建良一袭黑衣，带着笔记本电脑坐在陕西师大11314自习教室讲台前第一排左边，正巧他所认识的一个在陕西师大中文系读大三的老乡坐在第三排中间。而此时，汤建良未来的妻子王国荣正坐在老乡身边，两个人乃同学兼室友。汤建良跟老乡问好的时候看到了王国荣，眼睛里的光被老乡捕捉到了，老乡想到身边的闺蜜曾跟自己说想找个男朋友，正好撮合。她心念一动，告诉王国荣，自己这位提着笔记本电脑来蹭自习室的老乡是个五好青年，现在在比亚迪工作，来此的目的正是为了追求王国荣。

那天中午，三人一起在师大食堂吃了午饭，汤建良和王国荣互相交换了联系方式。此后一段时间，汤建良经常向王国荣借图书卡，借自行车，钱钟书在《围城》里面说一借一还"可以做两次接触的借口，而且不着痕迹。这是男女恋爱的必然的初步"，两人就此开始了恋爱之旅。

但是此时王国荣尚未毕业，恋爱离婚姻还有漫漫长路，路上充满变数，最后真正让王国荣选择和汤建良执手偕老的是他身上的责任与爱心。有一次，他们一起去山西平遥旅行，起初两人都坐的硬座，半路上汤建良执意帮王国荣补票，让她躺上卧铺，而自己依然坐着硬座。汤建良对自己的关心和照顾让王国荣甚是感动，两人的感情迅速升温了。

一天，汤建良从北京出差回来，王国荣一大早去火车站接他，两人一起回到汤建良住的紫薇花园。进屋后，汤建良拿出了一条项链，正式向王国荣摊牌。不过开场白却是相当沉重，他告诉王国荣，自己的父亲早逝，母亲一个人含辛茹苦抚养四个孩子，以后结婚后自己一定会和母亲在一起生活，如果王国荣不能接受这种现实，那么现在就可以选择拒绝。

中国的婆媳关系往往是家庭矛盾的导火索，所以很多女方都抵制和婆婆住在一起。但王国荣觉得既然这个男人能对母亲那么好，肯定也不会亏待自己，这反而更坚定了她以身相许的决心。

王国荣没有看错，不管是婚前还是婚后，汤建良对家庭的责任心始终没有改变过。2013年春，汤建良在中山大学读MBA的时候，有一个到法国交换留学的机会。他非常珍惜这个机会，甚至为此学了一段时间的法语。王国荣作为家属也很支持，为他出国签了字，协助填表办了手续。但就在这个时候，王国荣怀上了他们的第一个孩子，为了陪伴妻子，一起迎接孩子到来，汤建良在一番心理斗争后，还是以家庭为重，给中大负责此事的丁老师写了回信，表示："如果出去交流，可能会错过一些美好的东西，经过慎重考虑，决定将机会留给更加需要的人。"而后汤建良在汽车公司的时候，也有机会去上海获取更好的发展，但是他仍然因顾及家庭，选择了放弃。

遗憾的是，当年两人如胶似漆的时候，汤建良调离西安去了深圳，此后只能千里传音，共诉衷情。第二年，汤建良五一假期去西安看望王国荣，他们一起携手登上华山。喜爱武侠的汤建良第一次上华山没有论剑，只有谈情。此后王国荣也去深圳看望汤建良，为了迎接她，汤建良足足在火车站前等了一晚。那时他穷得舍不得住旅店,硬在罗湖火车站的大广场上睡了一夜。那种美好的感觉,在以后的岁月里很难再找到了。

危机中寻找新出路

2008年1月底，汤建良调回比亚迪总部，终于来到了自己最向往的深圳。到了深圳之后，他的工作平台并没有得到提升，反而降低了，干起装配工人的工作。在西安主要是动眼和动口，回到深圳变成动手了。

中国的新型汽车产业当中，比亚迪是一个最擅长学习的后起之秀。不懂造车，没关系，市场上有那么多车，可以买来学！当年王传福就是靠着拆解改装，以极低的成本建成了第一条电池生产线，开始发家。造车后他如法炮制，每年都会花数千万元购买各个品牌的全新车型，让手下的工程师们进行拆解学习，奔驰、宝马、雷克萨斯、丰田、本田，应有尽有。因此，比亚迪的工程师，动手能力强是必须的！

不过汤建良没有干拆解的工作，他干的是组装，把一堆散乱的零件组装成一辆完整的汽车，通过这种方式深入了解总装车间的工艺。想想十几年前，他还在金溪秀谷小学就读的时候，常常跑到县城的无线电厂捡一些废弃的元件组装成玩具，现在竟然可以在深圳组装汽车，真让人产生今夕何夕之感！这么奢侈的"游戏"，几人能有机会玩？而从公司的角度，把每一个新来的大学生下放基层，也是培养他们成才最关键的一步。试想一下，一个品质工程师连汽车怎么装起来都搞不清楚，又怎么保证一辆车有好的质量？登高自卑，这也是比亚迪给初出茅庐的汤建良上的重要一课。

没有经历煎熬，又怎么会深刻体会到成功的喜悦！大概花了一个月的时间，汤建良和几个同时来到比亚迪的新毕业生一起在实验室里面一个螺丝一个螺丝地把一辆完整的车子拼装起来了。汽车启动的一刹那，他们心里都是忐忑不安的，生怕一动车子会散架，当看到汽车真的在实验室的跑道上跑起来的时候，真是无比兴奋。当然这辆小白鼠出身的车是不允许上路的，后来沦为苦力，它做车头，后面连着一些4个轮子的小货架，在各厂房之间拉货。

再过一段时间，汤建良已经是汽车装配方面的专家了。汽车总装四大工艺，冲压、焊接、涂装、总装，他样样精通，还写出了一份比亚迪汽车总装的质量标准，大到某个地方怎么装配不会犯错误，小到一个缝隙是三毫米还是两毫米，把ISO所有的认证过程都说得一清二楚。后来一段时间，他出门再看汽车已经不是完整的车子了，而是像庖丁解牛一样看到一个个配件。

与此同时，汤建良也在努力学习六西格玛管理法。六西格玛管理法是20世纪80年代末首先在美国摩托罗拉公司发展起来的一种新型管理方法。推行六西格玛管理法就是通过设计和监控过程，将可能的失误减少到最低限度，从而使企业可以做到质量与效率最高，成本最低；过程的周期最短，利润最大，全方位地使顾客满意。以前在学校，学习管理学停留在理论上，现在得以理论联系实际，让汤建良对于管理学的认识有了飞快的提高，也为将来创业管理公司打下了坚实基础。

回到深圳几个月之后，汤建良申请了自己职业生涯中的第一个专利。当时汤建良和品质部的同事正在监造一款新车，那款车车型设计上有一点点小缺陷，或者说产品的一致性不是特别好。装配过程中，有时候挡泥板会受外力挤压而发生变形，进而导致制动盘与挡泥板相互接触而引起异响，这就意味着车子的装配出现了质量问题。汤建良经过仔细琢磨，研究出了一种实用新型的盘式制动器的挡泥垫板，不仅很好地解决了这个问题，而且结构简单，使用方便，提高了生产效率。

2008年6月28日，汤建良用该挡泥垫板申请了专利，专利授权公告日在2009年7月1日，刚好是他24岁的生日。虽然随着这款车子停产，该项专利也无法继续在实践中发光发热，但这次专利申请却给了汤建良很大信心，毕竟自己非专业工程师出身，能有这样一个小小的发明已经很值得骄傲了。后来，汤建良在创办Q发屋的时候也非常重视专利的研发，成为同行中申请专利最多的。

这段时间也是汤建良在制造部门工作的高光时段。但随着时间流逝，新鲜感退潮，他对于制造的热情也在逐渐衰减，毕竟制造业的枯燥和单调与他的性情格格不入。到了2008年冬，比亚迪市场部正在拓展业务、招聘新人，汤建良成功应聘，从品质部转入了市场部，成为一名产品工程师。

在产品工程师的岗位上，汤建良主要是负责比亚迪F3/F6平台相关产品的营销策略，包括产品定位、配置、价格的制定及调整、生命周期规划、上市前的准备、上市后问题的解决、竞争对手分析等。同时，他也要对当时汽车行业整体格局和发展趋势、政策法规进行分析，制订适合公司发展的策略。

之前在制造部门工作的经历，让汤建良对产品的理解有了质的提升，对市场的理解也到达一个新的高度，因此进入市场部之后实现了轻松对接。在市场部，这边与制造部完全不同的工作思路，又让他对市场更加了解，视野也一下子开阔起来。

刚刚转入新部门的时候，汤建良还有点不适应甚至失落。在制造部门，同事们经常与车间师傅打交道，或多或少带上了几分"江湖气"，可以大声谈笑，无拘无束。而到了市场部以后，这里的气氛明显要严肃和正式一些，以至于汤建良迟迟没有找到归属感，总觉得自己像个局外人。有几次他回到总装厂，回到以前的办公室，亲切感扑面而来，总觉得那才是自己的家，不禁怀疑自己的选择是否正确。但随着时间的推移，汤建良和新同事越来越熟悉和融洽，市场部富于挑战性的工作内容更能激发他的斗志，丢失的归属感找回来了。身历制造和市场两大部门的锻炼，汤建良踌躇满志，准备大干一番。然而，时运不济，金融危机打乱了他的步伐。

从2008年底到2009年初，金融危机对比亚迪的影响愈演愈烈，公司使尽浑身解数，汽车销量仍然在不断下滑。为了度过危机，比亚迪采取了一些让员工们愤怒的措施，轮休、变相降薪，比如削减绩效工资，取消大小周制度，而受到冲击更厉害的IT产业群则是大规模裁员。这种环境中，悲观和愤怒的气氛笼罩着公司上下，汤建良也灰心丧气，开始萌生去意。

即使没有金融危机的影响，汤建良也早就打算离开比亚迪了。比亚迪所在的深圳坪山工业园区靠近惠州，远离深圳中心区，交通和经济在深圳相对落后，汤建良觉得待在这里前景有限，他更希望打入深圳的中心区域，寻找更好的发展机会；而金融危机时期人心惶惶、动荡不安的公司环境正好给了汤建良一个离开的最好理由，使得他能够说服自己。

2009年3月，汤建良从比亚迪办好了离职手续。这一年初，巴菲特入股比亚迪，有了股神的加持，再加上扛过金融危机的比亚迪汽车也迎来了高速发展，首次在销量上超过奇瑞，成为中国市场上销量最高的自主汽车品牌。主客观因素的影响让比亚迪的股价"开了挂"，短短一年时间上涨超过十倍，王传福也借此成为中国内地首富。而这个时候，汤建良已经离开比亚迪了，虽然遗憾没有见到公司和老板的巅峰时刻，但在比亚迪工作的日子，足以让汤建良此后的职业生涯受益无穷，他从未后悔于自己当初的选择。

在金融危机中辞职是很需要勇气的，特别是在没有找到下家的前提下辞职就更考验一个人的胆量了。要知道，此时很多大公司都还忙着裁员呢。其实汤建良完全可以一边在比亚迪工作，一边骑驴找马，等找到新的工作后再辞职，这样安全系数就高多了。当然，反过来看，这件事也直接表现了汤建良当断则断，绝不瞻前顾后、畏首畏尾的性格。

这个过程中，妻子的支持成了汤建良敢于不顾一切离开比亚迪的最大动力。她在丈夫的离职宣言下面留言道："亲爱的，我相信你！在这样恶劣的经济形势下，你有勇气选择离开，选择也许更加艰辛的寻觅，足见你的胆识和魄力。年轻就是我们最大的资本，去拼吧，去闯吧，我始终相信你会打拼出自己的一片天地。我永远是你最坚实的后盾，不管怎样我会一直在背后支持你的！"

不懂沟通后果严重

离开比亚迪后的几十天内，汤建良可谓拔剑四顾心茫然。在比亚迪固然有许多不如意之处，但至少每天有方向，过得充实，现在突然闲下来之后，身处金融危机阴云密布的艰难时下，何去何从成了一个难题。

连续一个月，汤建良混迹于各大人才市场，寻找着答案。2009年4月，汤建良接到了一个环保民营企业市场专员职位的录用通知。考虑到该公司和比亚迪性质截然不同，以前的工作经验可能一点儿也帮不到自己，汤建良有点犹豫不决。但公司前面环保的名头吸引了他，这是一个朝阳产业，未来随着社会发展，经济转型，国民生活水平提升，国家对于环保会越来越重视，而人们的环保意识也将越来越强，市场广大，前途无量。想到这里，汤建良便怀着美丽新世界的梦想加入了该公司。

入职没多久，汤建良就发现自己碰上了许多职场中人唯恐避之不及的事情：顶头上司是个工作狂！市场部的不少同事都搞不清楚市场总监晚上到底要不要睡觉，因为他常常凌晨三四点还在发邮件布置工作！这样的领导就像一个链条中的主动轮一样，让其他小齿轮被动地跟着快节奏运转起来。更可怕的是，他们往往自信过度，觉得自己不停工作很快乐，所以部下理所当然会被自己的热情所感染，像他们一样马不停蹄地快乐工作。

果然，整个部门的加班文化特别严重。按照规定，下午5点就可以下班，但没有人会走，都自觉地留到晚上8点以后，哪怕没事可干也会装出努力工作的样子。汤建良见此状况，想到自己初来乍到，更不敢提前走人，每晚都要守到点了，才跟同事们一块儿离开。

一个周五，汤建良和在比亚迪工作时租房的房东约好，打算晚上回去搬东西。因为路途较远，5点下班时间一到，他就离开公司了，没有和其他同事打招呼。结果晚上同事打电话来了，告诉他：你刚才不在的事儿被发现了，总监很生气，后果很严重！这个电话给了汤建良当头一棒。在比亚迪的时候，同事关系相对简单，谁知新的公司这么复杂。此后一段时间，汤建良犹如惊弓之鸟，每次下班前都要像特务一样侦查看看领导有没有走，等领导先走了，自己才敢回家，战战兢兢，如履薄冰。

没想到，这种谨小慎微的心态又让汤建良在接下来的工作中触雷。

两周过去后，领导看到汤建良表现还不错，给了他独当一面的机会，专门为他下达了一个任务。该任务是搜集某个环保设备在各地的招标情况，以后汤建良的Q发屋经常为一些大企业的员工集体理发，需要投标和中标，他第一次知道"招标"这个词儿就是源于此。领导要出差一周，要求等他回来之后必须完成任务。

刚接到任务的兴奋很快就被纠结的心情取代了。汤建良发现，这项任务头绪复杂，牵涉到许多部门，不知从何下手。领导出差在外，公务繁忙，又不敢贸然打电话问他，万一正在研究什么大事，思路被自己打断，那可不是闹着玩的。而身边的同事都忙着本职工作，自己才来几天，人生地不熟，不好意思请别人帮忙。思来想去，汤建良无计可施，只好硬着头皮搜集了一些简单的材料应付。一周之后，领导回来了，这份粗制滥造的材料犹如导火线一样点燃了他的怒气：你不懂可以打电话问我，或者邮件跟我联系，但绝对不可以一周什么事情也不做。

这是汤建良参加工作以来受到的最严厉的一次批评。诚惶诚恐地听完了训斥之后，他请求再给自己一周时间，保证完成任务。领导开恩之后，汤建良不敢怠慢，寻找每一条线索跟各部门对接。深圳的部门所能提供的材料很快理清了，但有些材料必须外地的部门提供，而外地的同事普遍在外跑销售，汤建良不敢随便电话打扰，于是给需要协助的同事每人发了一封电子邮件。刚到这个新公司，汤建良的心态犹如林黛玉初进贾府，步步留心，时时在意。

早些年，企业的线上联系大多采用电子邮件，虽然后来通信工具越来越流行，但由于电子邮件拥有安全、正式、便于保留和回顾等优点，至今也没有被QQ、微信之类的即时通信工具取代。更重要的是，使用邮箱，可以延时回复，免受打扰，甚至不想处理的话还可以装作没看见。因此，电子邮件备受推崇，每天早起看邮件是众多职场人士一天工作的开始。

急事打电话，大事用邮件，小事才用IM，汤建良觉得自己做得很到位。不过他忽略了一点，这件事既是大事也是急事，而且外面的销售代表们比自己想象的还忙。三天后他等得忍无可忍了，打电话去催的时候，对方才知道这件事，答应帮他整理材料，只是要等好几天后才有办法弄完。这样，比领导规定的日期又推迟了三天，免不了再挨一顿骂。

费尽九牛二虎之力，汤建良终于把报告做出来了。他把做好的报告用邮件发给了领导，想当然地以为领导会及时查看，没有消息就是好消息，若是有问题肯定会找自己。几天后，领导确实找他了，原来领导的眼睛对于汤建良发过去的邮件具有过滤功能，没有看到。领导语重心长地说道："小汤啊，你是我一手招进来的人才，名校毕业，又在大公司工作了两年，本来我很看好你的，想让你当我的左右手，然而我经过观察发现，你做事情最大的一个缺点就是缺乏积极性和主动性，什么时候都要人家给你布置任务，你为什么不可以主动来找我沟通工作呢？"

过了几天，试用期快结束了，汤建良明白领导对自己并不满意，与其等着被开除不如自己主动离开，因此试用期没到，他就提出了离职，再次流浪人才市场去了。离开环保公司的那一天，汤建良站在公司办公室的玻璃窗门口，看着北环大道的车水马龙，心中忽有所动：未来是汽车行业高速发展的10年，必须回到自己最熟悉的战场上，抓住这个机遇，干出一番事业来！

短短一个多月的工作经历，如果放在大多数人的职业生涯中，不过像一颗石子扔进水里，最多激起一两圈涟漪而已，但在汤建良看来，这颗石子恰好击中了自己的软肋，暴露出了他工作能力中最大的缺陷。之前在比亚迪工作的时候，同事们大多和自己年纪相仿，就连顶头上司也不过大自己几岁，彼此之间很好相处。在王传福技术至上思想的指导下，比亚迪的员工们各司其职，按部就班地履行自己的职责，很少需要为人际关系烦恼，每个人就像电器板上的一个元件一样，只要默默地发挥自己的作用就可以了。如今到了新的公司，才发现自己不仅要当元件，还得当导线，这时候自己不善于沟通产生的可怕后果就显现了。

三年后，汤建良在中山大学读MBA的时候，还以此事为蓝本，写了一个管理沟通案例，与老师和同学们分享心得。如今七八年又过去了，汤建良作为一个公司的领导，又有了新的心得，回想当年如果领导能够在自己没有加班的那个晚上，打个电话关心一下，也许故事的走向会完全不一样。

创业后的汤建良喜欢研究毛泽东思想。毛主席有两个女儿，一个叫李敏，一个叫李讷，这两个名字来自《论语》中孔子说的君子要"讷于言而敏于行"，说明毛主席是很欣赏这样的行事风格的。有的员工，他可能很实干，但是不善于沟通，因此被领导疏远乃至埋没。但作为一个优秀的领导，应该有这样的胸怀，能够放下身段，多和下面的员工沟通，让那些讷于言而敏于行的员工得以人尽其才，为公司的发展起到一个正向的示范作用。

大昌行的额外收获

汤建良定下回汽车行业的明确目标，短短几天后，前途就明朗了起来。很快，香港的上市公司大昌行集团向汤建良抛出了橄榄枝。大昌行集团有限公司成立于1949年，为香港知名的综合贸易企业，20世纪90年代被中信泰富收购，2007年在香港联合交易所主板上市。大昌行建基于香港，是一间经营多元化业务的企业，业务包括汽车及汽车相关业务和食品及消费品业务，是香港最具规模的汽车代理商之一。

进入大昌行后，汤建良很快做到了公司策划及战略管理部高级主管的职位，承担中国大陆汽车行业市场分析任务，并负责大昌行旗下深圳深业汽车10家4S店的运营管理分析、效率改善以及新建4S店项目投资分析和潜在收购项目的寻找、洽谈。

在大昌行工作期间，汤建良和同事们在深圳管理了15家4S店，年收入30亿元左右。这些4S店和他以后开的理发店尽管投入差距悬殊，但有一个共同点——都是单店管理模式，为他后面创业做连锁经营提供了借鉴。

大昌行在汽车业务方面，4S店的新建和收购是很重要的工作内容。2010年，大昌行计划在前海建一个雷克萨斯的4S店，虽然后来前海规划出来了，店没有开成，但前期的市场分析和盈利性分析都是汤建良做的，这也为他以后开Q发屋时建立单店盈利性分析模型和投资回报分析模型积累了经验。同时，他也参与了3个新4S店收购的谈判，从中学到了如何去收购一个项目，如何去新建一个项目。

这段工作经历中汤建良还有两个额外的收获。第一个收获是和大昌行派来深圳总管的老板Matthew Li朝夕相处，从他身上学到了许多待人接物之道。Matthew Li曾留学英国，有一种英国式的绅士风度，每天他到办公室第一件事儿就是跟下属们握手问好，同事们和他接触如饮醇酒，和他谈话如沐春风。耳濡目染之下，同事之间相处也都变得彬彬有礼了。即使对已离职的下属，Matthew Li也不忘送上自己的关怀，汤建良上央视《创业英雄汇》的节目播出后，Matthew Li晚上十点多钟还在跟他说自己会抽空看这个节目。第二个收获是汤建良经常需要到总部去开会，而在香港，领导们开会时主要讲粤语，让他听得一头雾水。为了听懂领导开会时说什么，以免贻误工作，汤建良努力学起了粤语，观看大量原声港片，到后来他已经能大致听懂粤语，还能进行一些简单的对话。

在此期间还有一个有意思的插曲。一天，领导交代汤建良一项任务，给他配备了一辆捷达车，让他独自去深圳市政府采购中心办事。汤建良虽然已经拿到驾照两个月了，但是因为没有车，一直没机会上路。怀着紧张而又兴奋的心情，他拿着捷达车的钥匙去找车了。上了车，启动后，没想到那个车在一个角落里，旁边全是车，汤建良倒了很久的车，好不容易才把车子倒了出来，又小心翼翼地开着车到市里办事。这是汤建良拿到驾照以来第一次独自开车上路，回来后他心中窃喜："要是领导知道我根本就没上过路，还会给我这个机会吗？"由此他明白了，没做过并不代表一定做不好，如果畏畏缩缩，瞻前顾后，就会让机会溜走。

也正是在大昌行工作期间，汤建良成家了。此后，他和妻子共同体验了一种贫贱夫妻的生活模式。

2008年冬天，王国荣幸运地以中文学科第六名的成绩成为深圳龙岗教育局招聘的六名语文老师之一。那时深圳的教师招聘虽然不像今天一大堆北大清华博士都来竞争这么惨烈，但以深圳的魅力，激烈也是在所难免的，王国荣能够"压轴"入选，足以证明上天对他们的眷顾。由于王国荣在广东求职一度四处碰壁，他们甚至约定好了，万一大四上学期她不能找到合适的工作就和平分手。王国荣在深圳面试的最后一轮是口头作文，她直接对面试的考官说自己的男朋友在深圳，所以特别想来深圳，不知道是不是因此打动了考官。

2009年夏天，王国荣大学毕业，来到深圳和汤建良会合。但因两人工作地点相距很远，他们变成了同城的异地恋——汤建良住在南山，而王国荣住在布吉。周末的时候王国荣会坐公交车到南山找汤建良，一路颠簸的经历至今让她难忘。从布吉到南山的公交车要坐很长时间，经常坐到头晕脑涨，而且深圳的公交车一座难求，往往要一站到底。

汤建良从比亚迪离职后，在南山区一个城中村租了套房子，和母亲一起住了进去，一直住到后来买房为止。房租每月950元，比正常的便宜两百元钱左右，但这两百元的代价可不小。每天要爬9层的楼梯，上上下下就很折腾。最要命的是房间位于顶层，吸收日月精华，夏天的时候房间热得像个蒸笼。王国荣还记得有一天晚上，自己前后冲了三回冷水澡都睡不着。

出租房的生活简单到了极致，汤建良在日记中把这种日子形容为"与世隔绝"。他写道："没有网络，没有有线电视，自然也就没有了美国职业篮球联赛、欧洲足球联赛。每天晚上回去，用遥控器对着电视，在6个频道之间切换，十分无奈。感觉又重新回到了以前的生活，没有什么可以娱乐的。看样子我真是过上与世隔绝的日子了。"他调侃说，住在这里唯一的好处就是可以早睡。

那时汤建良的收入还不高，而王国荣才刚刚入职，每个月扣除房租之后，手头已经所剩无几，但是他们却早早定下了一个了不起的小目标，准备在深圳这个房价高高在上的城市尽快拥有属于自己的房子！这对于家里不是开矿的，完全靠自己打拼的工薪阶层来说着实不是一件易事。为此他们节衣缩食，开启了近乎自虐的省钱模式。

王国荣大四的时候拿到了一笔奖学金，她用这笔钱给汤建良买了一件衣服，寄到深圳去，这件衣服汤建良一直穿了很多年。汤建良住的茶光村有一个低端的综合市场，里面有不少卖衣服的。王国荣刚参加工作那一年，穿的正装都是从那里买的三四十元钱的便宜货。看到同事们都穿品牌衣服，有时候她也会觉得很委屈，但一想到小目标，心里也就释然了。

那时学校经常发一些购物卡，作为老师的福利，每次王国荣把卡一拿回家就会转手让婆婆去买米买油。不巧后面遇到国家整顿，事业单位的许多福利被砍掉了。有一年三八节，王国荣对汤建良说今年发了购物卡后，自己想去天虹商场买一双鞋子，结果偏偏这年学校就没有发卡。于是汤建良自己掏钱，悄悄地把鞋子给王国荣买回来了，但她一直舍不得穿。

2009年11月18日，汤建良和王国荣在深圳市龙岗区婚姻登记所登记结婚。

早上，王国荣还是照常到学校上课。她刚参加工作不久，接手了一个学生成绩不是很理想的班级。跟领导请假还受到了批评，她是哭着去登记的。下班的时候王国荣路过学校附近的一家服装店，看见一件深蓝色的大衣，心里非常喜欢，马上决定今天要穿着这件大衣去登记。到了结账的时候，她才发现钱包里的钱不够，当时也没有移动支付方式，甚是尴尬。还好老板认识王国荣，通情达理地让她先拿去穿了，而大衣里面的衣服还是王国荣以前求职面试时穿的。

汤建良向朋友借了一台起亚pride，手里拿着鲜花和婚戒，早已经在等待了。这个戒指是在东门天虹商场买的，买的时候王国荣挨个儿问了一遍价格，挑了一个最便宜的，营业员笑说没见过这么会过日子的。登记完，他们特地拍下了挂在婚姻登记所上面的时钟，时间定格在了2009年11月18日16点12分58秒。他们的爱情经历了重重考验，直到正式结婚前夕，还有人以深圳正编的女老师不愁找不到金龟婿为由力劝王国荣放弃这段感情。这一刻，再也没有人能把他们分开了。

从2007年到2009年，前后两个11月18日记录了汤建良伉俪爱情和婚姻中最重要的日子。对此，汤建良在26岁生日前夕的一段感怀中写道：

> 2007年11月18日，是个值得纪念的日子。甚至以后每年的11月18日，都是个值得纪念的日子。那天，我和老婆相识，源于在西安工作的一段经历，也许源于缘分，从相识到相恋，我们用时不长。然而2008年1月，我因工作原因，调到深圳，而她却在西安读书，我

们的爱情经历了严峻的考验。但是最终，我们还是走到了一起，两年的分离让我们的爱情更加坚定，让我们更加了解彼此。

终于在2009年11月18日，我们走进了民政局，领了红红的结婚证，开始了我们的婚姻生活，尽管那时一无所有，尽管戒指只值800元，尽管我们分别租住在不同的地方，没有婚纱照，也没有酒席，但是，9元钱的证件费没有难倒我们，这个，我们还是有的。

为了改变家庭的窘境，汤建良第二次有了创业的念头。入职大昌行后不久，他看到一条新闻，说的是美国二手车的交易量是新车的四倍，而中国则反之。汤建良由此预判中国的二手车交易将来会有很大的市场，于是花了3 000多元考了个国家级的二手车评估师。相比上一次创业停留于心动，这一次总算有了第一步的行动，汤建良希望能自己开一个检测中心，帮别人鉴定二手车。问题是，这需要一大笔投入，考虑到自己正面临的经济困境，他最终不得不忍痛割爱。

钱没有太多，房子居然还是买了。2010年3月，汤建良和王国荣看中了一套房子，首付14万，但此时汤建良手头上只有5 000元。这时汤建良的好人缘发挥了作用，他找了十几个同学和朋友，大家听说他有需要，纷纷仗义解囊，每个人三五千，很快把首付凑够了。汤建良不愿意让朋友们吃亏，一年之后，他把借的钱都按7%以上高于市场的回报还完了。

这样，汤建良就把借钱成功变成了融资，而且是非常成功的一次融资。买的时候每平方米才9 000元，总价70万。随后深圳房价开始飞涨，几年之后，他们在改善置换的时候卖掉这套房，总价已经接近300万了。吴晓波说，负债是敢于对未来负责，既无外债也无内债，是一种家庭犯罪。这种敢于负债的精神，从汤建良买房就可见一斑。

买房是婚姻中最重大的事情之一，特别是在深圳买房。对此，汤建良也有这样一段记述：

> 2010年3月，在裸婚后的半年，我们经历了半年的看房，终于选中了一套属于我们的房子，在深圳拥有了我们自己的家。尽管之前看中的房子没买我很后悔，尽管直到7月我们才入住，尽管我们没钱装修，没钱买家具，但是，我们很知足。因为，那里，是我们的家。

当年限于条件，两人甚至没有办一场像样的婚礼，选择了裸婚。十几年后，他们也从当初的一无所有，打拼到在深圳拥有自己的房子、车子和事业。最重要的是，还有两个孩子。虽未大富大贵，但在出身平凡的同龄深圳年轻人当中，有此成就，已经实属不易。回首十余年一起走过的风风雨雨，王国荣一直都在汤建良背后无怨无悔地支持他。汤建良所获得的每一份成就，自然也离不开妻子的默默付出。2019年正月初六，裸婚十年之后，夫妻俩回到汤建良的老家补办了一个婚礼。经过十年时光的发酵，这场婚礼也特别芬芳。

长安市上踏雪从龙

如今中国的一线城市，房子对于无数出身平凡的工薪阶层来说，是人生理想的绞刑架。买了房子之后，从此不敢高消费，不敢辞职，不敢投资自己。而汤建良用了一门MBA课程，把这三项都做到了。这对于一个连首付都是借来的人，其勇气着实让人钦佩。

买房后没有几个月，汤建良创业的心又开始蠢蠢欲动了。大昌行顺风顺水却又缺少挑战性的工作并没有消磨他的斗志，反而让他渴望创业的心情越来越迫切。但在两次创业计划都夭折的背景下，汤建良深深感到自己的学识、人脉、资金都还远远达不到创业所需的火候。在不断寻找解决方案的路上，汤建良把眼光投向了工商管理类硕士研究生（MBA）。众多鲜活的例子都证明，读了MBA之后，不仅学历提高了，还可以突破职业壁垒，积攒丰富的同学资源乃至铺就事业的跳板，溢价效应杠杠的。投资自己就是最好的投资，这一点汤建良一直以来都是坚信不疑的。

汤建良将目标锁定为中山大学MBA。汤建良向来有名校情结，国内最好的高校MBA当然首推清北复交，可是想到每周末要从深圳到北京、上海上课可能得买一架直升机，只好放弃了。而中山大学是华南首屈一指的名校，除了清北复交之外也算是国内翘楚了。中大管理学院成立于1985年，是国内最早成立的专门从事工商管理教育和研究的学院之一，被誉为"商界黄埔军校"，相当不错。

想法很好，但是掐指一算，困难可不小。首先，中山大学MBA学费昂贵，三年下来需要9万元，这对于前不久连房子首付都要借的汤建良来说可不是一笔小数目；其次，大昌行工作实行单双周轮休制度，而读了MBA之后每个周末都要去上课，如果要读MBA，意味着就要离开大昌行。这样，投资自己、高消费、辞职，这三项汤建良在买房后不久全都做到了。

由于适合自己又方便读MBA的工作可遇而不可求，汤建良只好一边在大昌行工作一边等待机会。同时，汤建良也开始了针对中山大学MBA的备考，他并没有像很多人一样参加辅导班，毕竟他才大学毕业三年，自信许多知识还没有忘掉，自己在家学习就可以应付。2011年1月，汤建良参加MBA考试，当年的录取比例大约是五比一，结果出来后，他以高出录取线30多分的成绩顺利获得面试资格，3月参加面试，4月得到了确定录取的通知。

接下来，只剩下一个工作问题比较难办了。眼看9月MBA就要开学了，时不我待，汤建良时刻关注着汽车行业的各种新闻，到了6月，一则消息引起了他的注意。

2011年6月，长安汽车和法国PSA集团筹备在深圳市龙华区成立一家国内投资最大的合资汽车企业，这就是11月正式成立的长安标致雪铁龙。成立半年前，公司就广发英雄帖，招揽各路人才。汤建良得知这一消息之后，颇为心动，在这样一家新成立的公司，百业待兴，意味着更多的机会，更好的前景，况且还可以每周双休，对自己读书十分便利。汤建良立马就跑去应聘了，并且成功入选。

在长安标致雪铁龙，汤建良主要负责市场研究，职责之一是制订公司中长期战略规划。任职期间，他牵头完成了公司的3年短期、5年中期、10年长期的报告和规划。同时，汤建良作为主要负责人，带领下属完成了多个市场调研项目，对汽车行业进行了充分研究，从而做出月度、年度汽车行业市场分析报告，在此基础上建立汽车行业数据库并指引公司的产品规划、量价组合。2014年，汤建良被评为公司年度管理能手，管理能力日渐显山露水。

这一段工作内容表述看起来挺专业，像是在写求职信，我们可以提取汤建良职位中的两个关键词，来看看长安标致雪铁龙这段工作经历对他日后创立Q发屋的影响。

第一个关键词是战略规划。战略错了，战术再好都没有意义。发展战略，可以为公司找准市场定位；定位准了，才能赢得市场，获得竞争优势。只有制定科学合理的发展战略，执行层才有行动的指南，日常经营管理和决策才不会迷失方向。盲目决策，不仅会无所作为，浪费资源，失去发展机会，甚至有可能让公司风险加剧，陷入衰败甚至灭亡。如果一家企业没有自己的战略发展设计，就不可能聚合和铸就一支能征善战之师，从而具备强大的战斗力。

长安标致雪铁龙是一家新生的公司，如何制定合理的发展战略，并没有一套现成的东西可以萧规曹随，一切都要靠自己从头摸索，这就给了汤建良一个锻炼自己的机会。如何从无到有让一家公司发展壮大，既要有眼前的可操作性，又能兼顾长远性和前瞻性，这样的战略运作作为一种思想方法和思维方式，极大地拓宽了汤建良的视野，提高了他总揽全局、把握未来的能力。

由于领导的信任，汤建良有幸成为公司上层"智囊团"的成员，曾替公司中方第一把手执行副总裁应展望和营销副总裁蔡建军制作演讲的PPT，设身处地地以高屋建瓴的角度来统揽全局，更让他的视野纵深广阔。

第二个关键词是市场研究。汤建良曾在比亚迪和大昌行的市场部工作过，对于如何进行市场调研早已经驾轻就熟。然而，他在长安标致雪铁龙却面临着新的模式和挑战。公司生产的是标致雪铁龙家族的高端品牌"DS"系列，品牌定位类似雷克萨斯、英菲尼迪这样的车系，作为二线豪华品牌，比上不足比下有余，而同档次的车型中也有不少竞争者。如何更准确地找到DS品牌的受众，实际上和后来汤建良创办Q发屋，寻找快剪模式的受众，道理是相通的。虽然两者一个高端，一个低端，风格完全不同。

再者，DS并非传统意义上国人认同的豪华品牌，作为一个中国市场的后来者，不要说跟奔驰、宝马、奥迪相提并论，就是和沃尔沃、凯迪拉克、林肯、雷克萨斯、英菲尼迪相比，影响力也不可同日而语。因此，如何提升品牌力和知名度，进而打开市场，是汤建良和他的同事们必须努力解决的问题。同样，快剪模式在中国的理发业态中也是一个新来的闯入者，如何赢得更大的国民认知，也是后来汤建良和他的员工们在开拓市场时遇到的最大难题，两者也是异曲同工。

2013年"DS"系列开始量产后，到2015年是此系列在华高歌猛进的两年，累计销量达到每年2.46万辆。虽然这个销量跟公司的预期还有差距，但这已是长安标致雪铁龙的巅峰时期，随后"DS"系列在内外因素的夹击下节节败退，亏损累累，直到2019年底公司被宝能收购，长安和标致从此分道扬镳。

此时，汤建良早已于2015年公司高速发展的时期急流勇退，选择创办Q发屋去了。投入如此巨大、背景如此卓越、技术如此雄厚、市场如此广阔，这样的大船尚且会在风浪中沉没，从巅峰到谢幕如此之快，更何况自己的公司与之相比只能算是一艘小舢板。汤建良至今仍在不断总结着在长安标致雪铁龙工作时的经验教训，提醒自己创业艰辛，要时刻保持敬畏，才能行得更远。

在长安标致雪铁龙工作期间，汤建良还收获一些小福利。比如2013年9月DS5发布时，公司请法国著名影星苏菲·玛索来华代言，汤建良得以近距离一睹以前只能在影像上见到的女神。人生最大的痛苦之一就是看到自己心中的女神老去的样子，他也因此感受到了。2014年DS6发布，汤建良又成了第一批体验者，驾驶着一辆崭新的DS6穿越粤西湛江。

此间，另外一件让汤建良受益无穷的事却跟汽车无关。那是2014年12月7日，汤建良第一次参加深圳国际马拉松赛，报名参加半程马拉松。本来打算去打酱油的，跑个5公里就好，燃烧一下近期囤积的脂肪。意想不到的是他竟跑完了整个赛程，耗时3个小时，拿到了完赛奖牌，连路上有人休克都挡不住他的脚步。这件事让汤建良对自己的潜力开始重新评估，并从此爱上了徒步和跑步。

中山大学磨砺以须

  2011年9月，中山大学管理学院正式开学了。这段前后需要历时三年的学习时光被汤建良寄予了厚望，他希望借此给未来装上推进器，让自己可以飞得更高、更快。他曾在日记里写下了这样一段话来自我激励："尽管每周末去上课很辛苦，尽管从深圳去广州的路途遥远，费用很高，尽管需要的时间长达三年，但是，我不后悔，因为这也是我的选择，既然选择了前方，便不怕风雨兼程。"

  刚开始去广州读书的时候，高铁还没有开通，汤建良只好跟几个深圳的同学一起拼车，来回非常费事。不过大家的学习热情都很高，风雨无阻，特别是在南方电网工作的原蔚鹏同学每周要从湛江坐10个小时汽车去广州，从不缺课。更可贵的是其并非奔着学位而来，因为他早已经是华南理工的硕士了。

  幸好政府很体贴汤建良和同学们的困难，仅仅过了三个多月，广深港高铁就通车了，此后从深圳到广州只需要35分钟，就像在市区坐地铁一样，一下子变得方便快捷了。读MBA的前两年，课程比较多，每周五晚上汤建良都要去广州，到了第三年写论文和答辩，才不用去得那么频繁。读MBA三年，以前周末经常陪母亲和妻子逛街、陪孩子做作业的汤建良不见了。为弥补这三年对家人的亏欠，在MBA毕业典礼的时候，汤家全家总动员，一起分享了他的喜悦，母亲和妻子还穿上了他的硕士服拍了照。

学校给每位外地的同学安排了宿舍，和在校大学生一个待遇，四个人一间，三个舍友一个在TCL，一个在深发展银行，还有一个生物系的博士。

2011年9月9日，汤建良第一次住进了中大的学生宿舍。9月初的广州天气还非常闷热，那时的大学生宿舍也没有像今天普遍装上空调，这对工作后夏天晚上靠空调续命的舍友们简直是一种煎熬。那天晚上大家只好相伴到黎明，第二天一早红着眼睛去上课，导致下午的讲座都听得睡着了。这是汤建良重回学生时代的第一节课，他意识到自己要转变角色，第一步是得改变自己的心境去适应校园这个环境。想通了之后，第二天晚上，心静自然凉，当然主要还是买了风扇的原因。睡得香了，也就找到了听课的感觉。

2011级中大MBA在职班是按成绩从高到低分班的，有点像中学时代的快慢班。汤建良所在的3班在6个班里位居中上游，班里不乏各大名校毕业的学霸，能够在这样的班上担任学习委员，也算是圆了自己学生时代的一个梦。汤建良以前当过课代表和班长，甚至是文艺委员，但学习委员这么一个"清华"（清高华贵）的职位，他还是第一次尝试，着实过了把瘾。或许是受此激励，入学后不久，汤建良就和三位深圳MBA同学组成四人小组在2011（第七届）中国MBA企业案例大赛华南区决赛中获得二等奖。那次决赛前汤建良和队友们熬了两个通宵写报告、对词、做数据分析,他似乎又找到了大三考前的那种感觉。

纵观汤建良的MBA生涯,在纷繁芜杂的头绪中,可以摘取三个片段,以小见大,来回顾一下当年他读书的大略情形。这三个片段,刚好都发生在三门课程的第一节课上。

第一个片段来自沙盘模拟课。

企业沙盘模拟培训源自西方军事上的战争沙盘模拟推演。战争沙盘模拟推演通过红、蓝两军在战场上的对抗与较量,发现双方战略战术上存在的问题,提高指挥员的作战能力。欧美商学院对此进行广泛的借鉴与研究,开发出了企业沙盘实战模拟培训这一新型现代教学模式,进而风靡全球,成为全世界工商管理硕士的核心课程之一。

沙盘模拟通过引领学员进入一个模拟的市场环境中,由学员分组建立若干的模拟公司,学员根据老师提供的资料,围绕形象直观的沙盘教具,实战演练模拟企业的经营管理和市场竞争。学员在团队中扮演不同的角色,承担不同的任务,在"CEO"的领导下各司其职,各尽所能,与多组竞争对手激烈角逐,获取最大的经济效益和市场份额。这可能是汤建良最感兴趣的MBA课程了,他认为这门课不仅生猛有趣,而且还可以学到很多东西,包括企业战略、产品规划、市场开拓、财务会计等知识。

沙盘模拟的第一节课上,PT3班分成六个比赛小组,从此形成"六大门派"。汤建良所在的第二组又称为B组,一共九个人。首次沙盘较量,汤建良有幸成为本组的"CEO"。在作战中,他显示了自己思维敏捷、点子多的特点,带领组员们取得了辉煌的成绩。

这次协同作战也奠定了2B组同学之间深厚的感情,于是元气与邪气满满的2B组就此诞生。后来汤建良给2B组设计了一个logo,还附上了英文解析。2B组甚至还有了自己的组歌，唱出了梁山聚义的味道。按照班长何竞锋的说法："2B组都是80后，年轻、活力足，喜欢喝喝小酒、玩玩斗地主，学习不是很用功也能考出不错的成绩。"2B组中和汤建良感情最好的是张文辉和袁庆，他们仨号称"铁三角"，三人经常一起斗地主，发觉彼此气味相投，遂成了生活中的铁哥们儿，曾一起自驾进藏，后来张文辉和袁庆都成为Q发屋的股东。

与2B组对应的是大D组，大D组"平均年龄大些，班上6个70后有4个在这组，学术气氛较浓厚，男女生比较均衡，喜欢阅读、美食、游玩"。如果说2B组是"东邪"的风格，那么大D组则是"北丐"的风格，风格虽然迥异，却相映生辉，后来Q发屋的股东也以这两个组居多。

第二个片段来自数据模型与决策课。

正是在数据模型与决策的第一节课上，汤建良大放异彩，赢得了"数学帝"这个霸气的外号。数据模型与决策就是将管理过程中出现的定量问题，运用科学的方法，建立相应的模型进行分析，从而为管理者提供决策的依据。这门课程在工作和生活中有极大的应用价值，可以提高学员的科学分析能力、风险和优化的决策能力以及创新能力。

尽管在哈工大数学系中，汤建良的数学水平并不算特别突出，可到了MBA班上那可是独占鳌头的。而数据模型与决策这门课最重要的方法就是数学建模，数学建模即根据实际问题来建立数学模型，对数学模型进行求解，然后根据结果去解决实际问题。汤建良大学时代曾一度准备参加数学建模比赛，多有浸淫，虽然之后比赛没有参加成，但凭借那时打下的基础，应对这门课已经是游刃有余了。

教3班数据模型与决策的是张秀娟老师。第一节课上，张老师布置了一道作业，让每个小组根据相关的材料形成研究报告，题目是，A公司是一家拥有约500人的企业，该公司女员工认为在待遇方面不公平，受工会委托，本小组根据HR部门提供的员工资料，对女员工是否受到歧视进行分析。

作为学习委员，汤建良义不容辞地担负起替全组做作业的重要任务，拿出了一份名为"基于SPSS的性别歧视问题的研究"的研究报告。这份报告光看题目就把其他同学唬住了，因为很多人连SPSS软件是什么都没有听过。上台后，汤建良娓娓道来，讲述了如何建立数学模型，并通过假设、检验等方式，证明了性别因素对薪金的影响很弱，相对其他因素，几乎可以忽略，从而得出该公司不存在性别歧视的结论。

这一番精彩的陈述所展现出的数学思维和素养，让张秀娟老师都为之击节。汤建良陈述完，老师笑着对他说："这个学期的课你可以不用上了。"下面的很多同学由于听得不是很明白就更加佩服了，自此汤建良在MBA同学中有了一个响亮的称号——数学帝，这个称号一直伴随着他走过三年的MBA生涯。

第三个片段来自于组织行为学课。

组织行为学课程通过研究组织中人的心理和行为表现及其规律，提高管理人员预测、引导和控制人的行为的能力，以实现组织既定目标。3班组织行为学的老师是吴能全教授。吴能全有一个"五桶金"理论，该理论立足过去，放眼未来，概括了从20世纪80年代至21世纪30年代，我国企业或个人在不同时期的财富积累（掘金）特点，汤建良对此非常折服。吴老师告诉学生们：心中有朝阳，前进有方向。"朝阳"就是自己心中的理想，有了"朝阳"，前进才有方向和动力。他认为社会现状缺少愿景，而企业要成功必须有愿景；个人要有所成就，必须有理想，满怀信心。

在2012年4月"组织行为学"第一节课上,吴教授布置了一个"个人生涯设计"的作业,要求每个学生写出自己近期和远期的人生规划。班长何竞锋曾统计出当时3班不下于三分之一的同学已经有创业的倾向,毫无疑问,汤建良就是其中的一个。毕业后汤建良所在的2B组创业比例最高,9人中有5人选择了创业,"铁三角"更是全员创业,连组里深受男生们宠爱的唯一的女生孙群群也巾帼不让须眉,投身创业热潮。2018年,中山大学管理学院20周年联欢晚会上,汤建良荣获中大管院MBA20周年杰出校友评选"创业领袖奖",这也是学校对他创业精神的一种肯定和鼓励。

沙盘模拟课上的活泼,数据模型与决策课上的自信,组织行为学课上的理想,组合成了MBA时期三维一体的汤建良形象。

值得一提的是,汤建良在就读中大MBA期间还有一次创业计划。当时汤建良打算开一个越南菜餐馆,经过详细地调查之后,他做出了一份详细的投资收益分析,在罗列了各项收入、费用、利润的详尽数据后,他经过比较分析,得出了餐馆定位、客户群体、产品概念、产品价格、特定卖点、选址建议等方面的相关结论,堪称就读MBA期间一次理论转化实践的最佳作业。之后,汤建良考察了一些店面,准备转让过来,刚才提到的2B组里唯一的女生孙群群恰好是学越南语的,说能帮他从越南招来厨师,还真的联系上了不止一位越南厨师。结果,主厨因故未能成行,有米无巧妇也白搭,于是这次创业计划最后也泡汤了。

这是汤建良职业生涯中第三次创业计划,也是他离计划实施最近的一次,跟第一次的纯粹心动,第二次的考了个证相比,这一次做出了更多的努力,迈出了更大的步伐。尽管未能成功实施,但经过此举,他与真正创业的距离已经是近在咫尺了。

温暖可爱奇葩3班

相对学识和能力的增长,汤建良觉得三年MBA生涯,对自己更大的影响是性格上的改变,以前他沉闷有余,开放不足;读了MBA之后,才开始变得大开大合,敢想敢做,整个人焕然一新。以前他总是在旁边笑,现在他喜欢在丛中笑,学会了抢占C位。

3班的同学大部分都是80后,就读MBA时还不到30岁,朝气蓬勃,精力旺盛,还有许多奇人异士,自称"奇葩班"。在杜慕群老师的管理沟通课上,3班和2班一起上大班课,杜老师有意让两个班级相互比拼,营造气氛,常常开展同题异构比赛,同一个作业让两个班先后上台展示。2班同学展示起来像做学术报告,3班同学像演话剧;一个严肃,一个滑稽;一个充满学院味道,引经据典,一个遍布江湖气息,嬉笑怒骂。口味悬殊,实在找不到可比性和相通点,以至于杜老师也不得不放弃了这种无法匹配的比拼。

身处如此活跃的班级气氛中,汤建良在哈工大数学系四年没有释放的激情突然间连本带息地回来了,一般的同学已经跟不上他的节奏了。

其实，放纵不羁爱自由，这可能才是真实的汤建良，因为他爱自由，所以不喜欢约束，不愿意朝九晚五、按部就班，始终怀有一颗不熄火的创业之心。

中山大学管理学院MBA每年会举办一次3M嘉年华晚会，每次3班同学的参与率都傲居6个班级前列，连年轻貌美的班主任张晓瑜老师也参加表演，而汤建良更是当仁不让的积极分子。2013年，全班自导自演了一个情景剧《奇葩相亲相爱》，里面包含了话剧、求婚、合唱等形式，汤建良反串白娘子，班花赵婧文演许仙。选角时，其他同学多少有点扭扭捏捏，只有汤建良毛遂自荐，并且在台上充分发挥了自己多年来在东北大舞台观摩"二人转"的成果，演出十分成功。

由此，汤建良在班级中的人气高涨，尤其是女生们都情不自禁地成为他的支持者。同学孔繁花说："阿汤是一个特别率真的人。在他身上，完全没有一点偶像包袱，什么扮丑搞怪的事情，他都欣然接受，还异常投入。表演白娘子只是他有记录的一次辉煌，在唱歌和吃饭的时候他也是特别人来疯，我特别喜欢看他有点喝高飙塑料纽约英语和粤语的样子，听一次笑一次。"

3班还有自己独特的班级文化节——"奇葩节"，前后举办过两届，颁发过"感动3班奖"。甚至等不及正式毕业，他们就在2013年7月，提前一年搞了一次高潮迭起的"奇葩3班小毕业典礼"。

MBA毕业之后，奇葩3班的感情并没有散场，反而历久弥深。每一年都会举办一次全班聚会，2014年芳草萋萋的花都，2015年回归童趣的较尾场……每一次汤建良不管多忙都会积极参加，热情捧场，再加上班级很多同学都是Q发屋的股东，因此每次聚会汤建良都会慷慨解囊、出资赞助。最豪华的一次，Q发屋由于帮助阿里巴巴推广口碑网，享受了阿里巴巴的一次比较大金额的补贴，汤建良决定犒赏股东和同学，于2017年8月26日组织同学去香港包了个游艇，花了5万多，那天据说整个香港水域都响彻着一种奇葩的笑声。

2019年1月5日，2011级中大MBA PT3班毕业五周年相册发布仪式在湛江的海边举行。为了这一场发布仪式，组委会费尽心思，从铺设红地毯到搭建舞台，还有晚上的生蚝烧烤、抽奖环节、烟花表演，一切都是那么尽善尽美。发布会上，同学们给汤建良送上了一面锦旗，上面印着"倾情创业，造福三班"的字样，字里行间表达了大家对他的一片深情和殷殷期待。

MBA PT3班的同学不仅有福同享，更能有难同当。同享福时他们或许"不正经"，但共患难时他们一定很靠谱。其中最有代表性的莫过于3班副班长刘玉平的故事。

任3班副班长的时候，刘玉平热心帮助同学，有求必应，人称"万能的平"。他于就读中大MBA的同年创业，做企业电商培训的服务工作，开着一个小公司，手下有15名员工，日子过得充实且快乐。谁知苍天不公，命运弄人，2014年底，刘玉平罹患尿毒症，一周需要透析三次。为了巨额的医药费，他不得不加倍努力工作，手术导管来不及拔下就跑去见客户。然而，祸不单行，从2015年下半年开始，公司的业务逐渐下滑，不少客户因陷入行业困境而停止经营。一年多的时间里，他经历了客户欠款不付、客户跑路、被人追债坐到办公室三天不走等困难，但他一直咬牙坚持。公司的同事为他的精神所感动，虽然已经欠薪两个月，仍不离不弃。可更糟糕的是，刘玉平每天生活在重压之下，导致身体状况加剧恶化，出现严重的透析反应，一上透析机就会出现头痛和低血压的症状，很容易晕倒，医生建议他早日换肾。刘玉平本是一个非常乐观的人，有苦轻易不向别人诉说，但是面临着换肾的巨额费用，作为父母唯一的儿子，年仅三十多岁的他想给双亲和自己一个生的希望。万般无奈之下，他在网上发起了轻松筹。

刘玉平来自大山深处，正当他孤立无援之际，中大MBA的同学，成了他最大的依靠。不仅在线下给刘玉平筹了最大一笔款项的是3班的同学，就连轻松筹里面为他作证，鼓励他最多的也是3班的同学。让人不得不感慨，同学们尽管三年中只有周末一起上课，而且来去匆匆，彼此之间的交往远不及那些全日制的大学生，可是交情却非常深厚，这才叫相亲相爱的一家人！

这样的时刻，当然不会少了汤建良的身影，所以同学孔繁花说他有一种"发自内心对人生、对身边人的热情和真诚"，"除了率真，他还很热情，对于同学，他从来都是有求必应。当然对于女同学更是如此"。

刘玉平的事情并非个例。2013年4月20日，四川雅安发生7.0级地震，受灾人口152万。3班有个同学正是雅安的，家里受了点影响，同学们知道后，为了应对以后类似这种突发的情况，就联合成立了一笔基金，以便帮助那些有需要的同学。

其实，汤建良自己正是3班友爱互助精神的最大受益者之一。2015年当他准备离开长安标致雪铁龙自行创业的时候，面临的最大困难就是资金短缺。在他为此焦头烂额的时刻，是MBA PT3班的同学站了出来，雪中送炭，筹集了百万资金，让他得以实现自己的梦想。班长何竞锋说，当时大家并不是很看好Q发屋，与其说是投资快剪这个项目，不如说是对汤建良的信赖和支持。同学刘强说得更加直接，他说自己不是投资Q发屋，而是投资汤建良！

3班的爱心不仅施与自己，还惠及他人。2012年国庆节假期，汤建良和MBA同学及校友组成"爱心在行动团体",前往广西天等县上映乡温江村做慈善。尽管行程紧、路途远,但收获满满。他们把随车带去的教育用品捐给了当地一所中学,并走访了大约40个困难家庭。看到当地大部分年轻人都外出打工,村里只有老人和留守儿童,而大部分孩子也是初中没毕业或者一毕业就出去打工了,汤建良不禁感慨:"这是偏远地区普遍的现状,而这种条件下长大的孩子,将来怎么会有安全感呢?"

此行最重要的收获之一还有一封信,至今让汤建良珍存。这封信是一封服刑人员的回信,他在广东因犯抢劫罪而锒铛入狱。"爱心在行动团体"一行到了他家里之后,送上了慰问品,汤建良了解了情况之后,特地拍了他母亲和女儿的照片,寄到他服刑的监狱。这个服刑人员看到照片之后非常感动,当即给汤建良写了回信,信中他说:"你们无私奉献爱心,怎能让我无动于衷。""一湖水因一片落叶而荡漾清波,一个人也会因为一颗心的关爱而变得更加富有感激之情。"最后不忘下定决心:"在以后的改造中,我会以更加饱满的热情和脚踏实地的行动,去创造更加优异的成绩来回报亲人、回报社会。"

赠人玫瑰,手留余香。后来汤建良在创办Q发屋之后经常做一些力所能及的事情来回馈社会,也得益于此行的收获,更得益于身边有这么一群充满爱心的同学和朋友。

中大MBA PT3班的同学何其有幸,他们来自不同方向,却如散落的火星般聚合成一团火,温暖彼此。

2013年7月7日,在奇葩3班毕业典礼上,汤建良获得了"最佳煽情奖",他即兴发表了一通获奖感言。典礼结束后,汤建良感觉自己前面正在兴头上,未免有点词不达意,于是又在微博上写下了一段感想,这也可以看作他对奇葩3班的真情告白：

　　我收获最大的却是你们这一班奇葩，让我懂得了真正的管理不是生冷的数字与表格，也不是先进的科学与工具，而是用心，只有用心才能获得打动人心的力量，而这力量，足以改变我们身边的小世界。

　　而3班的才子原蔚鹏亦曾写过一篇名为《等闲识得东风面，奇葩朵朵总是春》的短文，热情地赞颂了这个奇葩又可爱的班级，且让我们引用其中的部分以窥其究竟：

　　我深爱这个班级，因为这是一群有理想有爱心、平常有默契、危急肯帮忙的人。关心同学，除了慷慨解囊，更有相依相伴，真心祈福；关注社区，将爱心由校园内播撒至社会。我深爱这个班级，因为这是一群爱玩、会玩的人。从篮羽球场玩到校园的舞台，玩出了最具人气的班级；从东边深圳西冲玩到西边湛江湖光岩，从南边的海滩玩到北边的九龙湖，玩出了最有凝聚力的班级！

　　同学之交，平淡如水；同学感情，历久弥深！

大道至"剪"

突然间,一个身影冲出雨棚,直奔停车场方向,跑出20米开外,他才回头冲大家喊道:"我去取车,你们在这儿等我!"不用说,这个人就是汤建良。大家看着这略带悲壮的一幕,心里都十分感动,员工们齐夸他"责任感淋漓尽致",区域负责人邹迈更是赞叹:"前面是一位愿意冒着大雨跑两三公里取车接员工的老板,我想大家都没有上错船。"

创办Q发屋之缘起

2015年3月28日，农历二月初九，星期六。这一天是汤建良生命中一个重要的日子。正是这一天的一次理发经历，使汤建良立志创办一间心中的简捷理发屋——"Q发屋"，意为Quick Cut House，也就是快速理发屋。这一年汤建良30岁，正是"而立之年"。"立"者，立业也，也许就是从这一天开始，汤建良的人生终于真正有所"立"。30岁的汤建良由此从工程师变成了剃头匠，狠心抛"汽"，从"头"做起。离开了从业8年的汽车行业，汤建良的眼光从脚下转到头上，视野从小众走向大众，这不仅仅是一种职业的转换，更是一种人生的蜕变。

3月28日处于惊蛰与清明的中间，北国或许还春寒料峭，而南国的深圳已迎来了一年中最好的季节，这一天的气温介于19到26摄氏度，不冷不热，真可谓天朗气清、惠风和畅。在这春暖花开、万物复苏的时节，毛发似乎也生长得格外欢快，如路边的野草一样逐渐蓬勃旺盛起来。早上起床后，汤建良对着镜子，突然发现不知不觉间又到了需要理发的时候，于是吃完饭，拔脚直奔小区旁边的理发店。

但来到理发店门口，汤建良却忍不住皱起了眉头。汤建良大学学的是数学专业，数学美的最高境界即简洁，大道至简，大美不繁，能够创造出一个简洁而实用的公式是很多伟大的数学家毕生的追求。因此，数学专业科班出身的汤建良也潜移默化地把追求简洁当成了自己的处世方式。然而，现在的世界变得越来越复杂，越来越让人看不懂了，就连理发这一原本简简单单的事情，现在也变得花样百出，让人无所适从。从踏进理发店那一刻起，你就得直面复杂的人生，让你怀疑理的不是头发，是人生！

这一次的理发过程格外漫长。

一进门，前台的小妹一边热情地招呼"先生，理发吗？"，一边卖力地带位："这边请！"先走老程序，洗发。一躺下去，洗头小妹贴心地问："您好，水温合适吗？""合适。""请问您用哪款洗发水……"每次听到这句话总让汤建良觉得大煞风景，因为如果选择的是普通的洗发水很可能马上面临着头发要接受各种批判："您的头发有点分叉啊！""您的头发有点偏油性的吧？""您是不是最近经常感觉头皮有点痒痒的？"在心理暗示下似乎还真的痒了起来……于是，接下来大概会发生这样的场景："建议您选用这一款高档洗发水，可以修复头发损伤，让头发自然飘逸不会瘙痒。""好的，谢了！"

洗完后往椅子上一坐，小妹一边帮忙擦着头发一边热心地问："先生，有没有熟悉的发型师？""没有？这几位都是总监，要不要帮您选一位？"现在小理发店里的头衔比上市公司还杂乱，有助理、总监、督导、店长等头衔，一个几人的小店里光"总监"就有好几个，而且不重复，什么形象设计总监、金牌总监、首席总监，简直令人眼花缭乱。有道是，理发师傅头衔多，不是首席就总监；哪怕都是剃光头，也要让你多掏钱。

总监是不是以顶上功夫来论高低的汤建良不知道，但嘴上功夫那可真个个了得！以前的理发师是"动手不动口"，现在个个练就了手口并用的功夫，且幽默感十足，嬉笑怒骂皆成文章，让你怀疑"德云社"是不是新开了理发培训班。面对如此热情健谈的人，装高冷似乎很难。当你听"相声"听得入神的时候，他突然话锋一转，镜头拉到你的头上，一会儿大唱赞歌，让你觉得不弄一个潮流的发型都对不起自己这个头，一会儿委婉提醒，让你不要骄傲记得时刻保养。说到动情处，顺势亮出底牌——办卡！现在充值有优惠，店里正在做活动，充500送300，还可以享受免费剪发一次。

一番打理之后，汤建良手里拿着刚办好的会员卡，一看时间，吓了一跳，不知不觉一个半小时已经过去了，突然有种身心俱疲的感觉。走到门口，打开店门，呼吸了一口新鲜空气，望着熙熙攘攘、人来人往的大道，汤建良突然陷入了深深的沉思之中：在深圳这样的现代都市，每个人都是行色匆匆，奋力打拼，每一分钟对于他们来说都是珍贵的。工作已然不易，生活还处处是坑，理个发都能让人怀疑人生，进个理发店都要跟人斗智斗勇，实在是太累心了！如果能让所有的理发都变得简单一些，去掉那些繁复而不必要的服务，返璞归真，就像解一道数学题一样，用最简洁的方法求出答案，省去了许多无意义的消耗，那么个人的每分钟、每块钱，积少成多，对于整个社会来说就是巨大的能量。每个人轻松一点，整个社会就轻松许多。

古往今来，那些最伟大的发明和改革，都是为了让人们的生活变得更加简便。其中境界或许有大小之分，但不应厚此薄彼。莱特兄弟发明飞机固然彪炳史册，安藤百福发明方便面又何尝不是流芳后世！况且，受惠于安藤百福者肯定多过受惠于莱特兄弟之人。想到这里，汤建良明白自己下一步该怎么做了。

狮城港岛取经归来

回到家之后,两年前在新加坡的一段经历涌上汤建良的心头。2013年6月10日,汤建良和中山大学MBA的同学一起来到了新加坡国立大学,开始了为期一周的交流学习。

狮城之行虽然短暂,但还是给汤建良带来了不少发现和心得。在课上,汤建良听到了新加坡国立大学老师依据韩国的发展阶段推演出的"五桶金模型",和吴能全老师的理论简直是如出一辙,让他产生了思想的共鸣。其间,汤建良和同学们还参观了新加坡一些著名的企业和医院,特别是一个新加坡华人企业家为他们提供了一艘私人游艇,带着同学们出海,给他们讲述了其创业的艰辛,分享了其成功的哲学,更是让大家学到了许多书本上学不到的知识。

学习之余,汤建良那双善于发现的眼睛也闲不住,比如他看到新加坡国立大学为了保护学校里的一棵树,专门为其修建了环形的走廊,不由感叹:在新加坡,树是受国家立法保护的,难怪新加坡能成为花园城市!再比如他在国大的自习室发现有人居然在看《资本论》,从而认识到了这个国家的勤奋与多元。

不过,要说到新加坡之行最大的收获,却是蓦然回首,那人却在灯火阑珊处。许多影响人生走向的发现,每每是在不经意间发生的。这一天下午没有安排活动,三点多的时候闲着无聊的汤建良出来四处溜达,信步走入了国大附近的一家商场,突然间,眼前的景象让他停住了脚步。

这是一间袖珍型的理发店,面积最多十几平方米,由于空间太过于局促,进去理发的顾客都奢侈地"包厢"了,其他人只能坐在外面的长椅上等候。汤建良看到这家理发店外面挂着红黄绿三盏灯,依次从上到下排列,与一般的理发店门口悬挂的红白蓝三色旋转灯相比别有一番风味,不禁感到诧异。经过询问,他才明白,原来红灯亮的时候表示顾客需要等待10分钟左右,黄灯亮的时候表示顾客需要等待5分钟左右,绿灯亮表示不用等待可以直接进来理发,有点在火车上上厕所的感觉。打算理发的顾客可以根据指示灯的颜色,决定是否在这里等候,或者过会儿再来。

听了介绍之后,汤建良对这个理发店更加有兴趣了,便在那儿驻足观看。他很快发现,店里连个收银员都没有,顾客进去要先付费买单之后再提供服务,有点像在肯德基、麦当劳就餐的方式。顾客坐定后,理发师简单询问顾客对发型的要求后,便将手放在一个类似于感应式水龙头的地方,从这儿喷出雾状酒精,用来消毒双手。之后,理发师为顾客戴上一次性纸质围巾就开始行动了,手起剪落,整个过程一气呵成,绝不拖泥带水,看得出动作熟练到极致,剪刀欢快地舞动着,三下五除二,头发已经剪好了。

这个时候最让汤建良惊异的场景出现了。理发师并没有把顾客领去冲洗，而是拿出一个神秘的机器来，用这个类似于吸尘器的东西在顾客的头颈上来回游走。汤建良看了一会儿才恍然大悟，原来这是在吸碎头发。一眨眼的工夫，战场打扫完毕，理发师拿出一面镜子站在顾客身后，通过反射镜像向其展示剪发的效果，顾客露出了满意的笑容。于是理发师摘掉顾客身上的围巾，丢到座位下的垃圾桶中，一次理发就此完成，前后所有的程序加起来还不到十分钟。

眼前的景象让从小厌烦理发的汤建良惊叹不已！不由想到，要是深圳也有这样一家理发店就好了，或许自己的理发拖延症就能被治好了。想着，汤建良抬头看了看理发店的招牌，招牌上QB HOUSE一行英文从此深深地刻入他的脑海中。

回国一两年，汤建良渐渐淡忘了这件事，直到2015年3月28日这一次备受煎熬的理发之后，新加坡的场景突然又浮现眼前，历历在目。汤建良立即打开电脑，饶有兴致地查阅起了QB HOUSE的历史，他惊奇地发现，当年QB HOUSE的创始人下定决心创办这家企业的缘起，竟然跟自己今天的遭遇如出一辙。

时间回到二十年前，也就是1995年，54岁的日本大叔小西国义与一个朋友相约见面。出门后，小西国义见约好的时间还早着呢，决定顺路先理个发。哪知道一走进理发店，受劫就开始了，原本设想半小时之内理完发的小西国义竟然足足等了将近一个小时，心情急躁得仿佛恋人约会时对方迟到。

好不容易轮到自己了，谁知道理发师一条热毛巾披过来，也不问小西国义愿不愿意，就自顾自地为他做起了肩部按摩，一边按着一边套路各种护理服务和产品。小西国义是个急性子的人，这一系列行为气得他心塞。理完发后，小西国义一结账，不仅是心塞，更兼肉疼：这样一番服务竟然要价6000日元，根据当时的汇率计算，相当于526元人民币。

小西国义32岁那年就创建了一家医疗器材公司，这么多年来，事业扶摇直上，早就不差钱了。但像他这一类生于二战期间，长于战后的日本人往往克勤克俭，越有钱越节俭，而且惜时如金。别人冲冠一怒为红颜，小西国义是冲冠一怒为青丝！这一怒，怒出了现代理发史上一次重要的变革，QB HOUSE马上诞生。

那次理发被宰之后没几天，小西国义就在街头巷尾发起了调查问卷，问卷只有一个问题："如果有一间理发店，10分钟1 000日元，只剪头发，不跟你废话，你愿意去吗？"没想到，支持率竟然高达43%，常年在商场摸爬滚打的小西国义立即从中嗅到了巨大的商机。

1996年11月，第一家QB HOUSE在东京都千代田区开业。店铺只有几平方米，两三个座位。其设计灵感来自帆船的船舱，令空间可以更有效地得以运用。小西国义充分发挥了日本人"断舍离"的精神，QB HOUSE不洗、不吹、不烫、不设计，只专注于剪发，更不会推销各种额外的服务，甚至理发师都是按照"沉默是金"的风格来挑选的，不相干的废话一句不多说，爽快至极。

20年来，QB HOUSE不仅在日本大受欢迎，还走向了世界，中国香港、中国台湾、新加坡、马来西亚等地都有其分店，平均每月理发早就超过百万人次。靠着一个客人1 000日元左右的客单价格，QB HOUSE在成立几年后就实现了年收入40亿日元。当然，随着物价上涨，现在QB HOUSE的单价也有所上调了。

看完小西国义和QB HOUSE的故事后，汤建良热血沸腾，小西国义54岁都可以转型，而自己才30岁，为什么不可以？况且QB HOUSE在东南亚的成功，已经证明了这种模式在勤俭惜时的亚洲人当中具有很大的市场。环顾内地,即使像深圳这样的国内一线城市,快剪业态也才刚刚起步,发展空间无限广阔。理发是全民刚需,在中国每月规模可达三千亿量级,只要能够从中分一小杯羹,就足以干出一番大事业!那么还犹豫什么呢,行动吧!

断舍离开启创业路

前面三次创业计划的夭折，让汤建良深深明白了一个道理：犹豫和等待是成功最大的敌人。于是，把创业目标锁定为快剪的想法诞生几天后，汤建良就去了一趟香港，实地考察起QB HOUSE来了。

对新加坡的QB HOUSE，汤建良不过当了一回门外汉。香港之行，他来了个内外结合。不仅蹲在每间店外面数特定时间的人流量，研究这些店面选址布局的奥秘，更深入体验，以卧底的精神从店员嘴里掏出了大量有价值的情报，以至于有店员把这个可疑人物的名片送到了QB香港总部的办公室。不久，一位香港QB的高管打电话给汤建良，语气仿佛廉政公署请喝咖啡，但聊着聊着两人竟然惺惺相惜。后来，这位香港QB的高管成了Q发屋的顾问，为Q发屋的发展提了很多宝贵的建议。

香港之行最重要的收获是让汤建良真正了解了QB HOUSE的内涵。QB有多层意蕴，不仅仅是快速剪发（Quick Barber），更有快而美（Quick Beauty）、优质服务（Quality Business）等内容。原来，快并不是简单粗糙，更不是偷工减料，只要"规格严格，功夫到家"，就可以既快又精，让顾客们享受到物超所值的服务，这也就是QB精神内涵的核心——理发，以人为本。

香港的考察给汤建良带来三方面巨大启示：

第一个方面是QB HOUSE的工匠精神。

日本人注重细节，追求精致，香港人居狭小，善于利用空间。香港QB HOUSE结合了这两方面的优点，所有的店内用具都是特别定制，没有一个格子是多余的，绝不浪费一寸空间，甚至细致到毛巾、梳子、镜子、发剪等剪发必须用品的摆放位置都不能错乱，各安其位，井井有条。这样不仅给人以整洁有序的观感，而且避免了理发师乱摆乱放影响工作进度。柜子背面，则被用来放置客人的衣物，体现了一点小小的人文关怀。一个柜子就是一个美发师的工位，配以尺码明显小于传统理发店的椅子，小而弥精，多而不乱，细节的处理让汤建良拍案叫绝。

第二个方面是QB HOUSE的创新理念。

实地探访QB HOUSE之后，汤建良才明白原来曾抓住自己眼球的"吸尘器"其实是QB HOUSE自行研发的真空吸发器。其顶端附有软毛，理完发后，可以温柔地把留在顾客头上和颈部的碎发清理干净，让顾客出门后挥一挥手，不带走一丝碎发，这就是在QB HOUSE理完发后可以免洗却依然清爽的奥妙。

而QB HOUSE的卫生标准比那些价格高高在上的洗剪吹还要严格。所有非一次性用具，甚至理发师的手，都必须一客一消毒。此外，给客人使用的一次性围巾、用后可以给客人拿走留作纪念的梳子等，都代表了QB HOUSE的卫生理念。这些创新措施尽管不像高科技那么耀眼，却实实在在地适应了社会进步的需要。考虑到现代社会流行病横行，汤建良意识到，这样的理念将来必定是越来越受人们青睐的。

第三个方面是QB HOUSE的时间观念。

QB HOUSE服务精神的精髓是"把省出来的时间还给客人"。为了省时,QB HOUSE在香港的店铺都直接刷几乎人人持有的八达通卡。这种设计不仅便捷了顾客,也可以避免工作人员收银找零的麻烦,使店面的服务全部聚焦于剪发服务上。甚至,每个顾客等候的时长都会被取号机记录在案,并发送到公司总部,如果总部发现有顾客的等候时间超过10分钟,就会找到负责的理发师,质问超时的理由。所以,香港的理发师好像头脑中都自带秒表,从开始到结束,环环相扣,干净利落。

来QB HOUSE理发,很多人真正省下来的不只是那几块钱,更是宝贵的时间。香港是世界上生活节奏最快的城市之一,由于房价高,生活成本居高不下,人们走路都像在跑步,而QB HOUSE省下来的这一点时间,至少可以让大家的步伐稍微慢一点,轻松一点,这也算是对香港人一种别样的关怀。

汤建良站在人潮涌动的香港街头,想到的却是深圳。如今,深圳人的步速已经在赶超香港人了,那么自己一点小小的努力,是不是也可以算作对深圳这片自己所挚爱的土地之回报呢?

两次香港之行,汤建良把60%的香港QB HOUSE都考察了一遍。回到深圳之后,他明白自己已经是箭在弦上,不得不发,再也没有什么力量能够阻挡自己投身快剪行业了。

如果说还有什么让他稍微迟疑的引力,那么一个要算他对汽车行业的留恋,毕竟这是自己八年奋斗过的领域,洒下汗水的同时也曾留下青春,满怀憧憬的同时也曾历经挣扎,如今就这么转身离去,回想一路上的酸甜苦辣,止不住感慨万千。

一个要算家庭的安逸，由于房子买得早，每个月要还的房贷不多，自己和妻子工作收入稳定，在深圳比上虽然不足，但比下绰绰有余。温水煮青蛙的模式已经开启，要离开舒适区的港湾，驶入遍布暗礁的创业航道，不禁扪心自问是否值得。

一个要算母亲的阻力，汤建良曾跟母亲谈过辞职创业的想法。母亲反对的立场是十分坚定的。一来作为母亲，谁愿意自己的孩子有好日子不过出去冒险呢？二来汽车行业高管怎么也比当个剃头匠更光彩吧，母亲经商多年，想问题还是很精明的。自从父亲去世后，汤建良知道母亲的不容易，原则上都唯母命是从，母亲的反对给了他很大的心理压力。

从准备辞职到最终离职，汤建良花了三个月的时间来自我疏导和疏导家人。最终，他想通了，汽车行业固然是自己所爱，但不论是行业本身还是自己的事业，都已经逐渐走向一个瓶颈，只有跳出去才能豁然开朗。不破旧何以立新？也正因为生活安逸，所以才要趁现在还算年轻的时候去搏击风浪。也许年纪再大一点，这种锐气就会迅速消逝，那时恐怕再也没有勇气去做一番可以让自己老来觉得无憾此生的事情了。只有年轻才输得起，放得开。至于母亲，汤建良明白她内心是深爱自己的，只要让她明白儿子只有出去闯荡才会开心，相信她一定会支持的。

汤建良想的没错，他成功说服了母亲。这一年的端午节，汤建良跟着"中山大学行者梦之队"参加了首届国际商学院丝绸之路徒步挑战赛，这一次比赛的历练，被汤建良看作是自己创业之前一次身体上和精神上的总动员，也促使他在比赛结束后不久就闪电辞职，正式开始创业之旅。

首届国际商学院丝绸之路徒步挑战赛，共有来自海内外近40所商学院的600多位选手参赛。所有选手从6月20日早上至6月22日上午，每天背着睡袋踏着朝阳出发，徒步穿行平均海拔约2 400米的张掖祁连山境内，一路途经康乐草原、雪山、大磁窑峡谷、戈壁和张掖七彩丹霞等地，历时三天，全程七十多公里。

三天徒步，第一天走了28公里，一开始就进入最漫长的一段旅程，再加上中间的补给点特别少，成了三天中最艰苦的一天。正如长跑一样，中途是最困难的，天苍苍野茫茫，无边的野草渐行渐远渐还生。此时才明白所谓天圆地方，一条路仿佛一直笼罩在这个半圆的空间里，无穷无尽。沿途两岸祁连山的山顶还有茫茫的雪，可是大家已经没有心情去欣赏美景，只感觉脚步沉重，太阳闷热。这一天，半数的人都没能坚持到最后，途中被"收容"了。

坚持下来的人是有福的。到了黄昏，天空残阳如血、晚霞似锦。"大漠孤烟直，长河落日圆"，曾经诗中才会出现的意象突然间跳入眼帘，汤建良顿时觉得，这一天的辛苦都是值得的。不到这浩瀚无垠的戈壁滩，又怎能看到如此壮美的日落，又如何感受自然带给自己的震撼力呢！

太阳一下山，戈壁滩的气温也迅速下降。到了夜晚，大伙在野外搭起帐篷。6月的南方已是暑意逼人，而祁连山上竟然还是寒气森森。这里没有城市的污染，满天繁星清晰可见，天大地大，顿觉心胸开阔，吐纳万物。只是在大家互相帮忙拉伸的时候，帐篷里不时会传来鬼哭狼嚎的声音。

能从第一天的逆境中坚持下来的队员们，第二天、第三天的行程也就越走越轻松了。第二天穿越大峡谷，一共27公里，耗时7个多小时，涉水近20次，汤建良笑称找到了当年红军长征的感觉。第三天，一路领略各种丹霞地貌，"色如渥丹，灿若明霞"，整个大地就好像打翻了的七彩颜料盘一般，红橙黄绿蓝靛紫，大自然的鬼斧神工，若非亲眼所见，即使再有想象力也很难追上眼前画面的冲击！

历时三天的徒步赛事，队员们走过全长75公里的中华裕固风情走廊和张掖丹霞国家地质公园。气势磅礴的彩色丹霞地貌，加上祁连山草原风光，沙漠冰川奇景，真是让人大开眼界！大家在茫茫戈壁上相互扶持，坦诚交谈，人和人之间变得很纯粹，很真挚，无论在体力上还是精神上，都有脱胎换骨之感。

这一路走来，汤建良感觉自己与那些曾在丝绸之路上"筚路蓝缕、以启山林"的先人似乎有了神交，他下定决心要将这种丝路精神熔炼到自己即将起步的创业征途中去！

创业初的艰难困苦

一个工薪阶层，想在深圳这样寸土寸金的地方创业谈何容易。创业之前，汤建良在朋友圈经常发布的是抱着儿子搂着妻子拉着母亲全家出游的照片，让朋友们羡慕不已，谁能想到他会突然来一个180度的急转身，生活质量一下子回到解放前。

由于创业初期投入巨大，而自己又辞了职没了收入，手头上现有的储蓄有限，汤建良不得不竭尽全力地省下每一分钱，把它们用到刀刃上。按照王国荣的说法，那段时间，汤建良都不再主动提去超市购物或去饭店吃饭，他害怕买单时会尴尬。

最困难的时候，正是妻子无私的付出给了汤建良前行的力量。本来在深圳，老师是很让人羡慕的职业，政府提供的高收入足以让大家安心生活。但在家里经济最窘迫之时，王国荣为了帮丈夫分忧，也在外面做起了兼职，这也是她从教以来的第一次兼职。

所谓兼职是周末去给成人教育机构上课，有些幼儿园老师是没有教师资格证的，需要一边工作一边考证，为了提高通过率，他们常常报一些辅导机构，参加培训。王国荣就去给这些准备考证的幼儿园老师上课，讲授幼儿文学、幼儿心理、公文写作三门课，从早上9点讲到晚上9点，一天800元钱，要是只有白天上课，晚上不上课，就是500元，中间只有10分钟的休息时间。这个报酬可能在其他地方的老师看起来还挺可观，但以深圳老师的高收入，除非家里经济实在紧张，否则谁也不乐意来接这种性价比并不高的苦差事。

王国荣当时还是很珍惜这份兼职的，为了筹钱她甚至和汤建良一起卖过衣服，还没卖出去。做培训至少比卖衣服赚钱容易多了。深圳教师尽管收入冠绝全国，可是压力也是全国领先的。所以汤建良每天看到妻子早上6点不到就要出门去学校，晚上改作业经常改到深夜，屡屡感叹妻子的辛苦。虽然兼职的收入并不能改变生活状态，但王国荣觉得每天可以赚一两罐奶粉钱，帮丈夫减轻家里的负担，也就非常开心了。这是他们一起艰苦奋斗的一个缩影。

汤建良的第一家店开在了深圳罗湖区东湖永旺超市里。时值2015年，快剪业态在中国内地刚刚萌芽，很多商场超市打心眼里还是看不起理发店，不乐意让其打入自己的地盘。永旺来自日本，对于以QB HOUSE为代表的快剪并不陌生，也不排斥，因此汤建良得以和其顺利签下了第一份租赁合同。在此之前，汤建良曾打算和一个发型师合作，由于他还没有正式辞职，便委托对方帮忙找店面，但是那个发型师对内地新生的快剪也不是很有信心，店没找到人先溜了，自己跑到东莞开店去了。这是汤建良打算创办Q发屋后寻找的第一个合伙人，可惜没能一起走下去，这似乎从一开始就在警告他，快剪行业不是那么好做的。

发型师溜走单干的时候，汤建良正在戈壁滩上徒步，他没有气馁，回来后自己出马，迅速和永旺签下租约，接下来又马不停蹄地签下布吉可园、水山缘两家店面。然而，这个时候一个严峻的问题摆在了汤建良的面前——没有发型师，好比两年前打算创办越南菜馆找不到厨师一样，难道这次悲剧又要重演？汤建良想尽了办法，网上发招聘信息，托朋友介绍，到劳动市场打探，但全都无济于事，原因很简单，没有理发师愿意干这个。一来快剪在国内刚刚出现，大伙儿都心怀观望，觉得老老实实洗剪吹比较有前途；二来理发本来就不高端，快剪听起来似乎比洗剪吹更加低端，况且很多员工本来就是传统理发店兼职推销员的受益者，他们已经变得更愿意劳心，而不愿意劳力了。

所幸，在汤建良东奔西走不懈努力下，终于赶在店面开张的最后时刻请来了三位师傅。第一位发型师来自武汉，24岁，他本来就是干快剪的，可以无缝衔接。这位发型师到位的时候已经是8月17日了，离第一家店开业的时间只剩下一周。汤建良招到了第一个员工，高兴得犹如中彩。发型师坐大巴到达深圳银湖汽车站的时候，已经是凌晨2点，汤建良亲自开车去接，为他接风洗尘。另外两位是汤建良在网上搜索简历的时候发现的，经过数据分析，汤建良预感这两位来自己店里工作的概率还是挺大的，为此他不辞劳苦，亲自开车到东莞去找他们，一番晓以大义之后，两位发型师终于被打动了，答应来深圳试一试。

三家店开张的前夕，汤建良常常忙到深夜，亲自监督装修，可以说店里面的每一块瓷砖上都流淌过他的汗水。这时他的朋友圈风格变成了这样："通宵，只为让你的美发变得更简单。小伙伴们太给力了。""有梦想的人睡不着，没有梦想的人睡不醒。""回到家了，娃都睡着了，天天这样，娃会不会不认识我了？"

经过紧锣密鼓的装修和筹备，2015年8月25日下午3点，Q发屋第一家店——罗湖区东湖永旺店终于正式开业了。据说QB HOUSE现任社长北野泰男总是把自己的头交给新来的员工剃,以此表示对新员工的信任,顺便也可以考察一下其手艺。那天,汤建良也是这么做的,他成为Q发屋开业后的天字第一号顾客。30岁,汤建良的故事又从"头"开始了。

之后,一位小男孩成了Q发屋的二号顾客,小男孩是坐在店里的儿童专座理发椅——一辆奥迪A3上完成剪发的。第一次享受了如此新颖动漫的理发方式,小朋友开心得手舞足蹈。这个场景也非常有象征意义,汤建良终于把他的汽车梦跟理发梦合二为一了。

永旺店开业那天,事先并没有大量的宣传,但由于当天正好是永旺超市的会员日,人流量很大。再加上当时大家对快剪普遍陌生,都很好奇,排队理发的顾客络绎不绝。下午5点的时候,汤建良为了取一个设备回家一趟,等到7点他回到店里的时候,发现等待理发的顾客已经排起了长龙,好奇的人们不断指着招牌上的"10分钟快剪",打听这是什么意思。晚上闭店前,汤建良兴奋地发了条朋友圈:"这个点还这么多人,我们想不火都不行啊!"后来他回忆道:"这时我所有的疲惫、所有的烦恼都被抛到脑后,我开始清楚地知道这将是自己一辈子的事业。"

永旺店开业仅仅四天后,8月29日,布吉可园、水山缘两家店同日开业。由于人手不足,汤建良的两个好友特地从广州跑过来帮他发传单,而他的妻子王国荣更是亲自站在门口招揽顾客。自从汤建良创业后,王国荣已经从"上得了厅堂,下得了厨房"变成了"上得了店堂,下得了厨房"。前面三家店开业的时候,王国荣都会亲自去派发传单和招呼顾客。有家店正好开在王国荣任教学校的小区里,顾客们因此经常可以看到老板娘跑前跑后忙碌的身影。有时,王国荣甚至抱着两岁多的老大去发传单,就像发小广告一样,把传单放在路边吃夜宵的人手里,或者夹在路边车子的雨刮器里,甚至投进别人家的信箱里。

同学众筹倾情入股

汤建良开理发店的消息传出之后，立即在朋友圈形成了一个"震中"，大家纷纷惊诧于他前后职业的裂度之大：一个先后毕业于哈工大数学系和中山大学MBA的汽车行业高管，为何突然间抛弃光鲜的工作、优厚的待遇，跑去当起剃头匠了？一时间，关切和质疑的声音如潮水一般向他涌来。

没过几天，汤建良接到了一个来电，打电话给他的是中山大学MBA中心招生办蒋惠婷老师。蒋老师听说汤建良创业的故事后很有兴趣，特地邀请他去给MBA的同学们做一次经验分享。汤建良觉得自己创业刚刚起步，还没有做出什么可圈可点的成绩，一再表示愧不敢当。但蒋老师很诚恳地跟他说："创业的意义不在于你的事做得多么伟大，而在于我们能够勇于突破过往，让自己心中的梦想落地生根。你现在就是这样，相信可以给同学们创业带来很好的启发。"听完蒋老师的话，汤建良觉得还真是这么一回事，他也乐意把自己创业的案例跟同学们共享和共勉，便爽快答应了。

2015年9月16日，汤建良来到了中山大学深圳研究生院。到场的时候，下面已经有不少MBA的同学以及准备报考中大的准MBA学生，约30人，大家都满怀热情，期待着他的演讲。上台后，汤建良从Q发屋的筹建、特色、未来发展战略等方面，讲述了自己对于快剪行业的理解以及个人创业的心得。这是汤建良第一次为自己的讲话做PPT，能够如此得心应手，全得益于在长安标致雪铁龙经常为领导讲话做PPT的经历。

分享会结束后，一位听众拉住了汤建良。他叫杨雪峰，是中山大学的校友，斯坦福大学商学院投资学博士，资深天使投资人。杨博士跟汤建良说，自己听了他的故事之后很感兴趣，希望明天有机会的话，两人能坐下来认真交流一下。

第二天，汤建良如约来到了杨雪峰的办公室。交谈中，汤建良发现自己当前更多是一种"起点思维"，觉得应该把企业的底子打好，再去谋求更大的发展。而杨博士作为一个卓越的投资人，却给汤建良带来了"终点思维"：你最终的目标和愿景，会决定这个项目走向何方。置身竞争如此激烈的时代，如果你不能迅速壮大，很快便会被别人吃掉。而迅速壮大自己最好的方法，就是找到投资，这也是杨博士最擅长的领域，他希望汤建良能写一本创业计划书，把眼光放得更长远，以高屋建瓴的眼光来发展企业。

听君一席话，胜读十年书！杨雪峰一语点醒了汤建良。2015年，在国家政策的引领下，掀起了一轮又一轮"大众创业，万众创新"的热潮。据统计，当时中国平均每天新登记注册的企业达到了1.16万户，平均每分钟诞生8家公司。但是，这么多的公司中能够存活下来的只有少部分，有媒体报道显示，中国创业企业的失败率高达80%左右，企业平均寿命不足3年。

那是一个热情澎湃的时期，但为了能够寻找到20%的优质项目，许多投资人每每需要审查成百上千个项目才可能完成一笔投资。在这个背景下，以人脉关系为主的传统创投逐渐显出了其重要性。汤建良明白，靠着目前这三家快剪理发店想一下子找到风投注资是非常渺茫的事情，而自己最大的人脉资源就是MBA的这一班同学。

其实，早在就读中大MBA期间，汤建良就有这样一个美好的梦想，希望将来建立一个班级企业——让同学们即使在毕业之后，也能通过这样一个项目联系在一起。只不过那时汤建良觉得时机尚未成熟。经杨博士提点，他想到了这个愿望和自己发展Q发屋原来是可以两全其美的。

从杨雪峰办公室回来后的那个晚上，汤建良拨通了MBA班长何竞锋的电话。何竞锋就职于广州某建筑设计院，对3班倾注了很多热情，能让这个班的同学情谊历久弥坚是他最大的心愿。汤建良创办Q发屋之前，就跟何竞锋在电话里聊起过想做快剪的事情，但当时汤建良尚未离开长安标致雪铁龙，何竞锋以为他不过想兼职赚点外快，对此事也就没有放在心上。

2015年9月17日晚上，汤建良和何竞锋交谈了很久。汤建良激情洋溢地跟何竞锋描述了快剪行业未来的光辉前景，用了很多他在香港QB HOUSE蹲点收集的数据来佐证。尤其打动何竞锋的是，汤建良提出邀请班里同学一起投资Q发屋，把Q发屋做成百年老店，成为班级同学之间一条永恒的情感纽带。于是，何竞锋便问汤建良希望融到多少钱，汤建良提出了一个整数——100万。何竞锋听完之后爽快地说没问题，先发动同学们众筹，如果不够，他再补上，保证最低金额融到100万。一通电话打完之后，汤建良兴奋得久久不能平静下来，是的，班长的承诺已经让他看到了胜利的曙光。

2015年9月20日，何竞锋带着八九个同学从广州出发，到深圳考察Q发屋。当时Q发屋只开了三间门店，汤建良用搜集来的详尽数据，意气风发地向同学们描绘了一幅未来快剪行业蓬勃发展的图景。他告诉大家深圳有一千多万人，如果1%的人能成为Q发屋的客户，那么年营业额就可以达到亿元。而且这还只是深圳一地，我们还可以向珠三角乃至全国拓展呢！据何竞锋后来回忆，当时这三间小小的门店并没有让大家对Q发屋产生多高的期望，但大家经过分析，也觉得理发是刚需，下限还是能守住的，投资纵然不盈利，也绝不会亏到哪儿去。更重要的是，汤建良的激情与梦想打动了同学们，冲着这一点，也冲着他对全班同学的情谊，大家同意了百万众筹的计划。

国庆节那天，Q发屋召开了第一次股东大会，同学们的报名非常踊跃，众筹的金额很快就突破了百万的设定目标，达到120多万元。当时汤建良第一个目标是把公司做到500万估值，得到了大家的认可，100万同比例缩股，占20%的股权，后来两个比较有资源的同学加入，又增加了1.9%，股东的名字就叫作"三班投资"。就这样，Q发屋迎来了创办后第一笔也是最重要的一笔融资，这也给公司的发展插上了翅膀。"铁三角"之一的张文辉负责公司的整体运营和广州市场的开发管理，此前他在中国电信设计院任高管多年，对项目运营有丰富的经验。

理发科技双剑合一

拿到这笔100万资金以后，汤建良做的第一件事就是研发了新的用户线上系统。这套系统的研发，也意味着汤建良开始把Q发屋从一个单纯的理发公司转型为一家科技公司。成立科技公司并不是汤建良有钱的时候才萌生的想法，而是在他没钱的时候就已付诸实施了。2015年7月，在和永旺超市签订合同后，汤建良就拿着这份合同到深圳市工商管理部门登记注册了一个公司，取名为深圳快剪网络科技有限公司。注册完成后，汤建良心里并没有把握，担心核名不能通过，因为快剪代表一个行业，又结合了互联网，前者打击面太广，后者又跟前者似乎不太协调。没想到8月13日就拿到了营业执照，开心之余，不禁感叹深圳市办事的高效。

快剪科技研发的线上用户系统，核心之处在于利用互联网技术实现服务流程的优化。通过对排队机制重新设计，顾客在线预约后，可以精确地查询排队进度，舍去一切无效率的动作，通过系统进行取号、支付、排队，无须在门店进行等待，系统会提前10分钟提示顾客到门店剪发。

然而，初期设计的用户线上系统表现得并没有想象中完美，上线后的反馈一直未达到预期。有一个周末，店里来了很多顾客，他们并没有在线上预约，而是直接到店里来取号理发，结果线上预约了的人按时来了之后跟线下的撞车了，干耗着理不上发，导致聚集的人越来越多，现场抱怨之声连连。原来，造成这种情况的原因是系统没有把线上预约和线下取号统一在一个算法里。于是，快剪科技又重新把这个系统升级了一下，终于整合了线上线下的预约算法，实现了提前预约的高效有序，此后类似的"撞车事件"再也没有发生过。

毕业于数学系，汤建良对大数据在快剪业内有一种超乎常人的热情。快剪科技所打造的预约系统不是简单的排序问题，还借助地图导航定位，使顾客可以迅速找到附近的门店。有一种说法，在美国，如果把一个公司的地址从谷歌地图上消除掉，该公司的生意可以减少80%以上。通过互联网传播手段放大价值，也通过大数据提升竞争力，才能在竞争中跑在前面。要实现这个目标，必须改造平台，提升科技含量。为此，快剪科技联合开发系统的科技公司创立了深圳天成一点通科技有限公司，其中快剪科技注资后占据51%的股份，成为大股东。

天成一点通公司的主要产品就是前面提到的快剪用户系统，不仅为快剪科技服务，也卖给外地那些同行的快剪理发店。当时汤建良的想法是自己力量有限，既然暂时没办法从市场上去占领这些地方，那就先从软件上去占领这些地方，"硬"的不行先来"软"的。

相对于传统快剪模式，在汤建良的主导下，快剪科技致力打造的用户系统更大的进步在于用户评价体系的建立。预约模式自从QB HOUSE创建快剪业态的时候就有了，虽然说随着时代的发展逐步从线下走到线上，并最终实现线下线上的结合，但归根到底，这样的预约毕竟还是停留在算法和理性层面。而到了新快剪用户评价体系建立后，感性层面也纳入了系统当中。顾客可以对理发师的手艺、态度、服务，以及对店里的环境、卫生、价格等方面表达自己的情感，提出相关的意见，公司再据此加以改进，使顾客参与到产品设计中。这样顾客的满意度和归属感大大提升，系统不再是冷冰冰的工具，而成了公司和顾客之间的情感桥梁。

现代企业的发展经历了产品主导时代、渠道主导时代、移动互联网时代，正演变为用户体验主导时代。无体验，不消费，已成为当今的消费特征，更有潜力赢得消费者的必将是那些具有良好口碑、积极与网民互动的企业。在移动互联网时代，用户体验是一个企业的核心竞争力，如果你的产品或者服务做得好，超出用户的预期，即使一分钱广告都不投放，消费者也愿意替你传播，免费为你创造口碑，免费为你做广告，甚至有可能成为一个社会焦点，如海底捞的服务。

这一点，汤建良自创建Q发屋之时就已深刻认识到，他常常对员工讲，海底捞的成功并不是东西比别的火锅店强多少，而是其服务领先于其他的火锅店，因此他把员工带到海底捞聚餐戏称为去学习服务精神。

秉承这种理念，Q发屋创立之初就以良好的服务受到很多顾客的赞誉。开业没几天，汤建良接到一位退休老医生的电话，感谢Q发屋提供了一个回归传统、干净、卫生，理得又好的理发场所，还说要为汤建良点赞。这让汤建良第一次感受到创业带来的成就感，他说："转型做剃头匠以来，突然发现自己还给社会做了点贡献。"

上午打完电话，下午这位退休医生常老爷子的"点赞"就如约而至，他以短信的形式给汤建良发了一封感谢信，其内容如下：

汤总，你好！很高兴认识你这位有创意的惠民的年轻人！我

上午去体验了一下，发屋收拾得干净得体，小张帅哥很热情，且有礼貌，我是第二位顾客，前面是一位八旬的老爷子，在我理发的时候，来了一位满头银丝的耳朵有点背的老奶奶，她往返咨询几次，小张都放下手中的活为她解释，仍然是满脸的笑，直到她满意笑着离开。我就想起古人云"老吾老以及人之老"这句话的深刻意义，你们做得好，不是在作秀，也不是在商业宣传。我有一种温馨之感。理发行业如果卫生消毒工作没把好关，也是疾病特别是皮肤疾病传播的场所，你们有给工具常规消毒的规定，这就很好。再者你们及时清扫地面，使之保持清洁，使顾客有种舒适的感觉，总之这是一项惠民接地气的朝阳工程！谢谢你，谢谢小张及你们创业的同仁！祝你们的事业越来越红火！点赞！

可惜，常老爷子写这封热情洋溢的感谢信的时候，快剪科技的用户系统还没有搭建好，老爷子的感想自然也没有办法和其他顾客们共享。而现在Q发屋不仅有完善的评价体系，还开通了自己的公众号，拥有几十万忠实的粉丝，顾客可以轻松地实现和公司的互动，并且彼此分享心得。

微创新多元化之路

　　360安全卫士董事长周鸿祎在2010年中国互联网大会"网络草根创业与就业论坛"提到："用户体验的创新是决定互联网应用能否受欢迎的关键因素，这种创新叫'微创新'。'微创新'引领互联网新的趋势和浪潮。"

　　周鸿祎进一步指出："你的产品可以不完美，但是只要能打动用户心里最甜的那个点，把一个问题解决好，有时候就是四两拨千斤，这种单点突破就叫'微创新'。尤其是对于小公司，因为大公司拷贝有优势。对于这一点，创业者没有什么可抱怨的，这就是现状，唯一要抱怨的就是自己没有创新。要做出'微创新'，就要像钻进用户的心里，把自己当成一个老大妈、大婶那样的普通用户去体验产品。模仿可以照猫画虎，但肯定抓不住用户体验的精髓。"

　　对于周鸿祎的这段话，汤建良心有戚戚焉。他非常欣赏"微创新"这个概念，常常说那些动辄谈颠覆、谈开创的人很多都是"骗子"，夸夸其谈。汤建良很认可周鸿祎说的单点突破才是像Q发屋这样的小公司所应致力追求的。"微创新"重点不在于技术创新，而是用户体验驱动的应用创新。技术创新是工业时代的思维，是以"公司为中心"的创新方式；应用创新是信息时代的思维，是以"消费者为中心"的创新方式。管理大师普拉哈拉德曾警告过："公司中心"型创新方式已经消亡。相反，顾客正凭借个人经历在创造价值的过程中发挥着越来越大的作用。

"微创新"的典型范例是QB HOUSE理发座椅。QB HOUSE的理发座椅在传统理发座椅的基础上进行了专门的改进设计，既照顾了消费者的舒适体验，也考虑到理发师的体力消耗。更智能的是，理发座椅下都有传感器，能自动将顾客数据传输到后台的系统中，总部借此对各家店铺的客流情况了然于胸。QB HOUSE并没有为了节省空间颠覆传统，发明一种让顾客站着理发的方式，但让同样的理发座椅，坐出了不一样的风情。

汤建良和他的团队在"微创新"上也有一个独步业界的成就——单人理发屋。

单人理发屋的灵感，来自汤建良看到的一篇关于日本"单人经济"的报道。报道里说，近年来，随着空巢青年的日益增多，单人经济在日本也越来越流行，不仅餐馆里有专设的"单人坐席"，甚至还出现了单人KTV、单人健身房等单人服务业态。实际上，从农业文明到工业文明的一大转变就是人的独立，离群索居的现象越来越多。而随着现代都市生活节奏的加快，人们的社交活动又日益减少，伴随社会的发展，越来越多的年轻人适应了一个人独处的生活方式，不管是外出就餐还是看电影都觉得一个人更自在。理发相对吃饭和观影，显然更适合单人情境，汤建良于是有了设计单人理发屋的想法。

单人理发屋设计完成后，快剪科技为之申请了两项专利，一个实用新型专利和一个外观专利。理发屋的组成包括由底座、顶棚及中间立柱共同组装成的主体框架，中间立柱之间设有壁板和门，共同围合而成，室内设有镜子和座椅。麻雀虽小五脏俱全，理发屋整合了理发需要的多种功能，比如通过设置地吸器处理理发后产生的碎发，设置真空头发吸器解决免洗头之后头上残留的发屑，实现理发屋的通气换气等功能。更关键的是，理发屋能灵活拆卸安装，免于装修，再加上体积较小，占地面积少，选址要求低，可以迅速布点、随时开业。单人理发屋推出后，为公司拓展市场立下了汗马功劳。目前，公司已经在深圳布局了几十个这样的单人理发屋，未来还会继续优化布局结构，进一步扩大投放数量。

2020年1月，随着新冠肺炎疫情的爆发，单人理发屋的热度一下子蹿升了。受疫情影响，许多地方都规定理发店重新开业后每次店里只能服务一人，单人理发屋在这方面无疑具有先天的优势，而其预约的便利和环境的卫生又远非传统理发店可比。因此，汤建良相信，疫情过后，随着人们卫生和健康的意识飞速提升，单人理发屋也将迎来发展的黄金时代。目前，汤建良正在思考如何改进单人理发屋的构造，使其在装卸方面更加方便，从而更好地推向市场。

专业儿童剪发店也是Q发屋微创新多元化计划中的一个重要组成部分。儿童多数好动，不乐意坐下来理发，无数家长因为孩子的理发问题而感到烦恼。在西方发达国家，儿童理发产业早已形成气候，美国专业儿童理发行业一年营业额高达几十亿美元。而我国专门针对儿童的理发业态尚处于起步阶段，数量稀少，市场广阔，潜力巨大。汤建良自己从小就是一位不爱理发的主儿，因此在Q发屋创办后，他就一直致力于构建一个可以让孩子们爱上理发的平台。

2018年4月29日，Q发屋全新子品牌Mini Cut For Kids儿童专业剪发店在深圳布吉佳兆业广场亮相，这也是深圳首家专业的儿童理发体验店。相对成人理发店，Q发屋儿童专业剪发店在以下几个方面做了变革：

第一是专业、专注的儿童理发师和专门的儿童剪发设备。儿童天性顽皮好动，理发过程中，稍有不慎就会造成伤害，相关的事故层出不穷，理发师们也是战战兢兢，不乐意给小孩子理发。针对这点，Q发屋在培训儿童理发师时专门请儿童心理专家进行讲座和辅导，使得员工们对孩子们的心理特点把握更准，更有耐心、更加从容。看来，以后理发培训也要学习心理学。其次，Q发屋儿童店的理发器都是经过专门开发制作的，刀锋外包有护套，刀头选择陶瓷材质并且带R型的安全触角，有效避免触伤儿童，保护孩子的头皮。

第二是专业的儿童剪发座椅，让孩子们听着音乐唱着歌，优哉游哉把头剪。为了让孩子们有更好的体验，Q发屋正着力改进理发器，努力让理发器发出的声音分贝越来越小。

第三是专用的紫外线消毒工具，保证干净卫生。此外，店内儿童专用的电推剪都带有自动吸发功能，这样头发不会掉落在儿童的脖子和肩膀上。

第四是各种各样玩具的陪伴，让孩子们在轻松愉悦的氛围中度过美好的剪发时光。儿童店以明亮的色彩、可爱的图案作为整体装饰风格，将理发椅、镜子设计成儿童喜欢的卡通造型，店内还提供各种游乐设施和诸多益智玩具、书籍，让孩子乐在其中。

第五是为儿童设计特色发型。在普通理发店理出来的发型无不千篇一律，而Q发屋儿童理发店开发出了为儿童设计发型的服务，可以为孩子们理出各种充满童趣的、天真活泼的发型，让个性和童真在儿童的头上表现出来。

Mini Cut For Kids布吉佳兆业广场店开业当天，快剪科技请到了春晚的明星、跳舞机器人阿尔法表演助阵，同时公司也是阿尔法机器人代理商，可现场销售。未来公司还将开发自己专属的儿童纪念产品，提供丰富的增值服务，包括专业上门服务。

目前，Q发屋发展儿童店遇到的最大困难是人才不足。理发师基本上都是男士，在哄孩子这方面相对女士具有先天的劣势；同时，给儿童理发的技术要求花样更多、难度更高，但目前收入相对于成人店并无显著优势，导致理发师们对从事这一行热情不高。未来，快剪科技在打开儿童店利润空间的同时，也会努力给专业的儿童理发师们带来更丰厚的回报，激励更多理发师投身于儿童理发业，形成良性循环。

上门服务轻骑出动

快剪科技的多元化布局中,汤建良最为看重的是上门理发服务,他将之视为公司业务的一支轻骑兵,人数虽然不多,战斗力却不可小觑。

Q发屋创立后不久,汤建良就一直在思考如何增加公司的创收渠道,给员工和股东们带来更多的利益,为此他和团队常常讨论到深夜。2015年9月10日,凌晨2点17分,多数人早已进入梦乡,汤建良发出了这样一条朋友圈:与团队讨论到现在,谈到兴奋点激情无限,感谢我的团队!那段时间,汤建良连走在路上,都会盯着前面一个人的后脑勺,想着怎么对付他的头发,有点像《摩登时代》中的卓别林,天天在工厂里拧六角螺帽,以至于得了强迫症,只要看见六角形的东西就会情不自禁地去拧。

大家勠力同心,一起出谋划策,还真的想出了一个绝妙的点子:上门给互联网大企业的员工理发。深圳开放包容的环境培育了诸如腾讯、迅雷、梦网科技等大批知名互联网企业,也吸引了百度和阿里巴巴等行业领军巨头相继前来布局,程序员数量庞大。程序员们虽然收入很高,但互联网行业"996"的工作制让他们疲惫不堪,连理个发的时间都没有。理发这事儿又不是写几个代码就能解决的,马云再牛,在Tony老师面前也只能老老实实低下头。

再者,程序员工作忙碌,和外界接触不多,普遍思想单纯,有钱又单纯的结果就是容易招惹骗子。再加上程序员工作烧脑,头发掉得快,有的理发店就瞄准了这个群体,专门对他们下手,一句再不护理明年就聪明绝顶了,就可以让他们花费不少。曾有报道说,某程序员去理发店被安利免费按摩,结账竟要1.5万元。警方介入后,理发店招认专坑程序员。由此看来,程序员们对快剪上门肯定十分欢迎,何况头发长了容易吸收营养,影响思考效率,花一点钱理个发,写起代码来一下子精神多了,效率上去了,实在是物超所值!

想法很好,但理发虽小,十八般兵器不能少,而且快剪还需要额外带上吸发器。理发师一人扛着一套设备,像去打仗,容易把人吓坏。因此,不先造出一个便携式的移动理发设备,这生意还真不好做。于是,汤建良又找回自己在比亚迪时当工程师设计实用新型专利时的工作状态,关起门画起了图纸。几易其稿后,终于让他绘出了图样。这套设备主要由两部分组成,一个理发椅和一面镜子,椅子可以折叠,方便搬运,用来吸取碎发的真空吸发器被集成到椅子的下面,剪完头发后,理发师从座椅下面拉出吸发器吸干净头发。

图样出来后,汤建良越看越得意,迫不及待地要把它变成实物。那天下了很大的雨,汤建良开车带着几位员工一起去了深圳一个很偏僻的地方,来到了一家木料加工厂前面。下了车,他们拿着图纸找到了里面的木匠,讲明了来意。很快,木匠就按照要求做出了实物。这个玩意儿花了1 000元左右。

当时汤建良和他的员工们最大的愿望是给腾讯的员工们理发，因为腾讯是中国互联网数一数二的品牌，而Q发屋则立志成为中国互联网上门美发第一品牌。他们联系上了腾讯，对方答应了，但是有个条件，先要试剪，跟招聘一样，毕竟是大公司，要求高。

得知腾讯的意向后，大家都十分兴奋，但是也担心初次使用这个土法制造的设备效果不好，面试过不了关。为此，汤建良决定联系一两家单位，免费上门为人试剪，先彩排一下。

上门试剪的两家单位，一家是保安公司，一家是警犬训练基地。这两次试刀让大家发现了这套移动理发设备最大的缺点，太笨重，来回得用工具车运送，下了车还得扛着走。一看就是还停留在工业时代，一点儿互联网思维都没有，怎么好意思带着它上腾讯去？但究竟设计成什么样子才能让移动理发设备变得既轻巧又美观呢？这也不行，那也不好，汤建良和同事们互相否定，一时之间找不到对策，眼看和腾讯约定上门的日子越来越近，大家心里也越来越着急。

正当思路陷入僵局的时候，这一天，汤建良开车送一个朋友到机场。到机场的时候，他看到一群空姐拖着拉杆箱有说有笑地向候机大厅走去。这个时候他两眼紧紧盯着的是空姐手里的拉杆箱。一个灵感瞬间从汤建良的脑海里蹦了出来：何不把理发工具和吸发器集成到一个拉杆箱里？至于椅子，到处都是，完全可以就地取材。回去之后，汤建良把这个想法跟员工们分享了一下，大家都拍手叫好。

事不宜迟，汤建良多方打听，联系到了一家可以按照自己的要求定制生产这种拉杆箱的企业。由于企业远在河北，双方只能在线上洽谈，对方没有认真会意，第一次样品出来后，箱子尺寸偏大，不像去理发，倒像去搬家。好事多磨，只好再改，这才弄出了一个看起来比较有品位的作品，箱子外面霸气地印上了"Q发屋——互联网上门美发第一品牌"几个大字。

箱子从河北寄到深圳后，汤建良左看右看，十分满意。他又生出了一个好主意，从深圳大学请来了四位美女大学生，让她们充当Q发屋上门美发的形象大使，穿上Q发屋的制服，像空姐一样拖着移动理发拉杆箱拍了一组宣传照。这组充满创意的美女理发师的照片在线上发布后，Q发屋一下子接到了很多咨询的电话，当然大部分都是冲着美女来的。虽然最后美女并没有真正上门，让人有点失望，但快剪师傅们精湛的手艺和贴心的服务弥补了大家的遗憾。况且，顾客大部分时间都是背对着理发师的，这样想着，心里也就平衡了。

11月4日，终于到了给腾讯员工理发的日子。一大早，汤建良带着手下的三位得力干将来到了位于深圳大学对面的腾讯大厦。腾讯大厦里有一个巨型的QQ塑像，记载着2014年某天两亿QQ用户同时在线的日子，一行四人在此合影留念。回想起十几年前自己花了两元钱买了第一个QQ账号，到今天以这种特别的方式帮腾讯"从头做起"，汤建良不禁感慨万千。

三位得力干将理发的同时，汤建良也没有闲着。他给刚刚接受完理发的腾讯员工们送出了一份"Q发屋上门剪发服务消费者调研"问卷，调研的结果显示大家对这次理发经历普遍都非常满意。看到这样的结果，汤建良欣喜若狂，他说这种感觉堪比高考发榜后看到好成绩。理发结束后，汤建良特地请三位劳苦功高的员工一起在腾讯附近吃了一顿大餐，以示庆祝。

为企业上门理发本身属于团购范畴，但Q发屋服务收费却不是简单地打折。汤建良和他的团队创造性地提出了卖时间这一概念，不数人头,而是像公司打卡一样上下班,时间到了就下班,从而使得业务开展更加简便和灵活。

自从为腾讯员工理完发后,Q发屋上门为企业服务就一发不可收拾,陆续走进了众多互联网公司。深圳大的互联网公司,几乎都成了Q发屋的客户。而Q发屋也把上门服务当成公司的一个特色着力发展,使得这项业务在公司营收中的比重逐年上升,服务对象也拓展到了互联网之外,南方电网、中国平安、中国燃气、中国中铁、供电局、顺丰、富士康等著名企业都留下了他们的足迹和手艺。汤建良还带领员工回到长安标致雪铁龙,在自己的老东家重新上岗。有的时候,Q发屋理发服务赶在公司重要活动之前,无形中也让各大公司的员工们能够减去负担,轻松上阵。比如每年"双十一"即将来临之际,Q发屋都会和顺丰约定上门服务,让快递小哥们可以减轻压力,提高送货效率。

"在战斗中学习战斗",这是汤建良在公司开会时最喜欢用的口头禅之一。从长期上门服务的实战中,汤建良不断总结"战斗"经验。随着"战斗"的深入,目前Q发屋的上门理发业务已经从"游击战"拓展到了"阵地战"。

以前很多国有企业里面设有"五小"设施,即小浴室、小食堂、小理发店、小五金店、小图书室等生活服务设施,承担了职工生活、福利、社会保障等职能,如今上了年纪的人对这些肯定不陌生。后来,不少国有企业境况大不如前,为降低成本,"五小"设施只能被忍痛割爱。那些运营良好的国有企业,随着改革不断深化,员工食堂、理发室也都外包出去,对外招标寻找承包方。

快剪业态没有兴起前,企业的理发室大都承包给了一些传统理发店。当快剪兴起后,相对于传统理发的优势很快凸显出来,其预约系统的便利省时和免洗的卫生都是传统理发难以企及的，而Q发屋以直营店为主，便于调配员工，这种经营优势也在投标中显现，使得他们在竞标中鲜有对手。

承包企业员工集体理发业务，给Q发屋带来了丰厚的回报。不用承担租金压力，也不用投资，纯粹出售服务，没有风险，收益稳定。今后，Q发屋计划组建一个团队来专门从事这项业务，这也许将是理发业界第一支"远征军"。

目前Q发屋企业上门业务的年营收规模已经超过了一千万，而这只是个开始，随着企业上门业务的飞速发展，其对公司营收和利润的贡献力度会越来越大。

经历创业最大危机

创业路上没有一帆风顺,正当公司的发展之路看似顺风顺水的时候,一股逆行的风浪也在悄悄逼近,让公司陷入风雨飘摇之中。

2016年5月,快剪科技启动第二轮融资计划,投资方是广发乾和。据公开资料显示,广发乾和投资有限公司成立于2012年5月,是广发证券的全资子公司,公司主要从事股权投资业务,投资领域包括先进制造、TMT、消费、医药、环保新能源/新材料等行业,快剪可以对应消费类行业。

刚开始,广发乾和对于快剪这个投资项目抱以很大的热情,专门找了一个外部的会计师事务所给快剪科技做风险尽调,对投资项目进行彻底和全方位的调查与分析。会计师事务所的工作主要是考察快剪科技的账务处理和遗留问题,存不存在什么重大错报的风险,有没有其他的应披露而未披露的问题。调查报告非常详细,帮公司找出了财务管理上的不少问题,理清了前面所有的财务问题,为公司走向规范化发展在客观上起到了很大的帮助作用。

风险尽调顺利通过后，汤建良和同事们都非常乐观，觉得接下来的事情应该是水到渠成。当时广发乾和计划投资500万，如果能拿到这笔资金，那么公司的发展将会驶入快车道，很有可能在竞争激烈的市场中脱颖而出，因此公司从上到下都沉浸在对未来的憧憬当中。

作为一家国有企业，广发乾和的办事效率并不高。从5月一直调研到9月才给出了最终的结果，这也让汤建良和伙伴们享受了更长时间虚幻的幸福。然而，这种幸福感在汤建良参加广发乾和投资委员会关于快剪科技投资项目决议的那一天化为了泡影，对方给出的理由是他们的基金对这种小额的项目投资意愿不是很强。实际上真正的原因是2016年的融资环境相比2015年已经差了很多，从过去两年投资市场过热的局面回归，开始收紧变冷，投资公司在项目的选择上日渐审慎和苛刻，给像类似于快剪科技这样成长期的项目带来了很大的挑战。

往事已矣，但至今想起这件事，汤建良仍然抱恨不已。那两年正是快剪业态在国内从无到有，从蓝海市场走向红海市场的关键时期，然而在刺刀见红的关键时刻，快剪科技失去了援军，只能孤军奋战。也正是在这一时期，Q发屋在深圳最大的竞争对手优剪公司凭借雄厚的资金开始杀出重围，并于2017年获得数千万元的融资，迅速跑马圈店，成为国内快剪业的巨头。如果当时能得到广发乾和的这笔资金，汤建良自信Q发屋今天的规模和成就未必在优剪之下。

屋漏偏逢连夜雨，资金没到位，接着一个重要的合伙人也离开了，算是连锁反应。公司初创，汤建良觉得自己的团队力量还不够强大，想找更多有经验的合伙人加入，这位合伙人原本在顺丰做运营，不惜辞职来投奔，因此汤建良对他甚是信任和倚重。没想到，就在公司最困难的时候，合伙人却起了离心，带走了公司运营的相关数据，顺带拐走了公司一个技术负责人，自立门户去了。可惜"天时地利与人和"，他没有搞清"人和"才是公司发展的关键，自然也就闹不出什么大的动静。

这段时间，正是公司自创办以来最为动荡不安的时候。股东和员工当中都出现了不少对公司运营理念质疑和反对的声音，有人建议为了回笼资金，走传统办理会员预交费模式，有人建议降低招募门槛迅速扩张，有人建议提高单价增加盈利……面对错综复杂的形势，汤建良也一度迷茫过，犹豫过，但他没有忘记自己最初的理想。"不忘初心，方得始终。"他创办Q发屋的目的就是让理发变得更加简单和纯粹，如果要回到传统理发店的模式，那就相当于对自己的理想来了个彻底的否定，那么一直以来的努力还有何意义？

汤建良耐心地说服了快剪科技的股东和员工们，即使同城的优剪走出了一条偏离快剪原始业态的高端路线，通过一些附加服务将每次理发的单价提高到接近洗剪吹的价格，他们也不为所动。相比优剪，Q发屋才是更纯正而坚定的QB HOUSE快剪理念继承者。

走出融资失利的阴影后，快剪科技继续大步向前。2016年12月16日，Q发屋第三十家门店南新路沃尔玛店开业。2016年收官之作，Q发屋成立16个月，30家门店累计服务30万人次。按深圳1 500万人口每月理发一次计算的话，平均每500个深圳人就有可能有人享受过Q发屋的一次服务。

与此同时，快剪科技还参加了第八届深圳创新创业大赛，在2 000个项目中杀入前20名，获得互联网与移动互联网行业企业组优胜奖。这一次比赛很有意思，深圳已经成为中国最具创新力的城市，也正在力争成为国际科创中心，高新科技企业遍地都是，参加比赛的一大堆高大上的科技项目光看名字就让人目眩眼花。相比之下，快剪科技的互联网剪发实在是平平无奇。对手不把自己放在眼里，汤建良也有自知之明，低调行事。然而评委们的眼睛却是雪亮的，那些所谓的高科技项目很多都是故弄玄虚，压根落不了地，反而是快剪科技稳扎稳打，实实在在地利用互联网技术给众多深圳市民的生活带来了便利。

虽然参加深圳创新创业大赛没有获得一等奖直接拿到奖金，但按照深圳市的规定，优胜奖可以申请获得市政府40万创业补贴，这笔钱也给起步阶段的快剪科技注入了一剂强心剂。

势头越来越好，公司上下干劲也越来越足。那段时间，汤建良开启了流浪汉加苦行僧的奋斗模式，不停地奔走于深圳各地，寻找适合开店的地址，每天不是在看铺子，就是在看铺子的路上，有的时候半夜冒着大雨还在找铺子。事业家庭难两全，这个时期，家里的事情只好放在一边，无暇兼顾。2017年初，王国荣肚子里的二宝月份已经很大了，行动不便，但她还是非常支持丈夫的事业，凡事亲力亲为，尽量不麻烦他。

有一次要去产检，汤建良说要陪王国荣去，可是王国荣心疼丈夫前一天晚上加班到凌晨三四点才回来，不想让他因自己早起，就自己打车去医院。结果一直打不到车，去医院迟了，到的时候产检处已经挤满人了，王国荣只好挺着大肚子一个项目一个项目去排队，连上厕所都要排队。这样的情形在怀孕期间她已经习以为常，很多孕妇在医院常有老公陪同，但她一直自己面对。

2017年2月14日情人节那天，汤建良终于抽空陪王国荣去医院产检了一次。那时离预产期很近，本来以为马上瓜熟蒂落了，可医生说还要再等几天。于是，汤建良就带王国荣去罗湖的金光华广场吃饭、看电影。电影还没开场的时候，汤建良突然想起了一件事，说自己跟人约好，得去看一个店铺。寻常女子遇到这样的情形往往容易情绪失控，引起家庭矛盾，但王国荣理解丈夫是真的热爱自己的事业，毫无怨言地目送他离去，一个人看完了电影。二宝准备剖宫产选日子的时候，要看主刀医生的时间，没想到汤建良比主刀医生还忙，得等他把两家店开好了第二天才有时间。

2017年2月22日，汤建良和王国荣迎来了二宝的出生。由于整个孕期一直没有办法照顾妻子，汤建良深感愧疚，再加上王国荣初怀二胎还有过一次流产经历，他们对这个孩子的到来更加珍惜。就连上次王国荣流产后休养身子的那几天，汤建良都忙得无法陪护，因此这次他决定给自己放个长假，在家好好陪陪妻子和新生的宝宝。

就在这段甜蜜的日子里，一个苦涩的消息传过来了。一天，一个员工给汤建良打来一通电话，带着哭腔向他汇报了一件事。原来，这个员工昨天跟同事们聚众赌博，一眨眼输了两万元钱。这可不是一个小数目，相当于两三个月的收入，从早到晚得剪多少个头才能赚回来，难怪他情绪这么激动！

这次员工聚众赌博事件的始作俑者和最大赢家正是公司的技术总监，也是汤建良创办Q发屋之后招来的二号员工。汤建良还清楚地记得对方来公司那天正是2015年8月20日。汤建良对这位元老级的发型师非常看重，视为左膀右臂，没想到他会给自己捅出这么大的娄子！

那两天，汤建良心里经历了一番痛苦的挣扎，最终在征求股东们的意见之后，他做出了挥泪斩马谡的举动，辞退了那个技术总监。毕竟聚众赌博不仅仅是让员工倾家荡产，还会毁坏公司的精神根基，让整个公司轰然崩塌。而那个举报的员工，将功赎罪，汤建良把他留下来了，他因此感恩戴德，从此洗心革面，再也没有被同一块石头绊倒。此事之后，汤建良在公司开展了一场"整风运动"，严格规定赌博者一律开除，并写进公司员工守则。

本以为一场风波就此消弭，谁知还有后续。这次聚众赌博事件中，还有一位员工也输得很惨，自己请辞，为了弥补损失，他竟然生出了一个非常歹毒的主意。原来，汤建良刚开始创业的时候，还不是十分了解劳动法，以为跟发型师之间不必签订劳动合同，整个公司40多人，竟无一个人签有合同。而这位员工却是职场老手，深谙劳动法，《中华人民共和国劳动合同法》规定："用人单位自用工之日起超过一个月不满一年未与劳动者订立书面劳动合同的，应当向劳动者每月支付两倍的工资。"但该规定具有一定的时效，《中华人民共和国劳动合同法》还有另外一条规定："用人单位自用工之日起满一年不与劳动者订立书面劳动合同的，视为用人单位与劳动者已订立无固定期限劳动合同。"也就是说，如果想获得双倍工资的赔偿，必须是在用人单位工作已满一年且未满两年的时候，精准踩点很重要，这位员工正好踩在快剪科技的痛点上。

当汤建良接到深圳劳动仲裁委的仲裁通知后，立即认真地学习了一遍劳动法，学完之后不由倒吸了一口凉气。以前他天真地以为自己并没有拖欠工资，没签合同又不是没给钱，最多补签一下，哪想到还有双倍赔钱这项规定！而这场劳动仲裁中，那位员工显然有备而来，早就设法让公司的财务帮他做了一个工作证明，铁证如山，胜券在握。

幸好此人想的只是个人的利益，还没有仗义到把这么一个不劳而获的绝招广而告之，如果所有人都学他，公司当时就要关门大吉了。这是公司自创建以来，汤建良第一次有一种危急存亡之感，当晚他马上召开紧急会议，把门一锁，所有人签完字才能出门，这才松了一口气。

事后，汤建良请了一个律师帮自己打这场官司，他的想法是，即使明知没有胜算，也不能让对方如此轻而易举拿钱走人，否则以后人人都要效而仿之了。官司打了将近一年，从劳动仲裁到法院一审再到二审，一共开庭3次。结果是汤建良不仅赔了那个员工11个月的双倍工资（劳动法规定最多赔11个月），共6万多元，同时还花了两万多律师费，加起来损失8万多，他笑称这是自己付出的又一笔学费。

这个员工尝到甜头后，乐此不疲，第二年入职另外一家快剪公司，故意不签合同，顺带还拉了一个兄弟入伙，两人一起索赔了12万。实际上，企业经营者如果没有建立规范的制度，很容易掉入这类"碰瓷者"的陷阱。汤建良后来又入了一次坑。本来签合同的时候，是10个人一起签的，有一个人签完后故意拿走了，公司负责签合同的行政人员也没有仔细检查，导致对方上告时公司拿不出关键证据，只好又认输，还好这一次只赔了两万多，损失没有那么大。此后，汤建良彻底规范细化了招聘程序，他交的学费再也没有增加。

员工心中的好老板

员工聚众赌博事件过后,汤建良深感公司文化建设的重要性。此后,他经常在公司里开展各种有益身心的活动,丰富员工们的精神生活,有时候也会组织一些户外团队拓展活动,通过精心设计的拓展项目磨炼意志,陶冶情操,激发员工潜能,以增强团队配合度和凝聚力。

不少Q发屋的员工们在回忆中都提到了一次令人难忘的团建经历。那是2019年5月8日,汤建良组织公司团队进行东西涌穿越活动。东西涌海岸线位于深圳市大鹏湾南澳半岛南,屏山傍海,山岳纵横,海岸线漫长,沿途有沙滩、岛屿、礁石、海蚀岩、洞、桥、柱等海积海蚀地貌,风光旖旎,曾上榜《国家地理》杂志中国最美十大徒步路线。

在东西涌之间4 824米的线路中,分布着礁石滩、砾石滩、溪谷等8个危险路段,行进线路崎岖,迂回曲折,行走的实际路程在8公里以上,穿越时间3~4小时。行进途中,或踩踏湿滑礁石,或弓腰爬坡,或攀登巨岩……对于不熟悉路况的人,一路会遇到不少挑战。既能欣赏风景，又能挑战自我，彼此互助，确实是一个团建的好去处。

不过，这一天给大家带来最大挑战的却不是东西涌的陡坡滑石险滩，而是一场突如其来的大雨。那天天气预报有雷阵雨，但大家都是年轻人，充满乐观的精神，丝毫不把此事放在心上。穿越过程中天公作美，温度适宜，不冷不热，大伙儿乘兴而来，尽兴而返。然而，好运气没有贯穿到最后，就在大家回程即将到达终点的时候，在大约离停车场还有两三公里的地方，倾盆大雨从天而降，不期而至。

大家在避雨处仰望着天空，眼看雨势丝毫不减，一筹莫展。突然间，一个身影冲出雨棚，直奔停车场方向，跑出20米开外，他才回头冲大家喊道："我去取车，你们在这儿等我！"不用说，这个人就是汤建良。大家看着这略带悲壮的一幕，心里都十分感动，员工们齐夸他"责任感淋漓尽致"。区域负责人邹迈更是赞叹："前面是一位愿意冒着大雨跑两三公里取车接员工的老板，我想大家都没有上错船。"

邹迈毕业于西安理工大学数学系，在华为工作多年后财务自由，加入快剪科技团队，负责公司深圳宝安区的市场运营，其与Q发屋的结缘也是来自一次理发经历。2018年10月的一天，邹迈在Q发屋宝安区华润万家店理完发，他非常欣赏快剪的理发模式，感觉这种模式在快节奏的大都市中定会有广阔的未来，店里"不办卡不推销"的标语也契合了像他这样大多数都市男士内心的强烈诉求，遂起了加盟合伙的念头。

抱着这个念头，邹迈向店员打听了一下情况，得知Q发屋当时在深圳已有几十家门店，与华润万家、沃尔玛、天虹、永旺等大型商超都结成了战略合作关系，而汤建良其人，哈工大数学系、中山大学MBA毕业，出生于1985年，比自己小好多岁，顿时又有了距离感，担心加盟合伙的门槛不会低。于是，他抱着试试看的心态联系了汤建良，谁知竟很顺利地得到了洽谈的机会。

见到汤建良后,邹迈对他的第一印象是随和、接地气,他回忆说:"Q发屋总部办公室没有豪华的装修,三四十平方米,三张办公桌外加一个大货架,整齐地摆放着各类文件和快剪物料。汤总与员工们并排办公,从工位上看不出哪个位置是老总的,体现着创业者的效率和实干。"或许因为彼此都是数学系毕业的,两人有一种默契,一聊就是半晌,邹迈也如愿以偿成了Q发屋的合伙人。

随和、没有架子,和员工零距离,也是公司上下对汤建良一致的评价。运营总监萧恒面试时是和汤建良在星巴克一起喝咖啡,他说:"我第一次见到老板,感觉他非常随和,当场就和公司签约了。" 公司财务林树华回忆道:"我刚开始加入Q发屋这个大家庭,对公司情况及工作不熟悉,前几个月需要加班发工资,汤总都会跟我一起加班加点,耐心指导并给予协助。"

汤建良创业之始,已经面临着中国人口红利逐渐消退的不利局面。一方面,从2015年开始,新加入市场的劳动力数量开始下降,低附加值的快剪行业更难招工;另一方面,90后乃至00后这些新一代的年轻人在吃苦耐劳方面需向前人学习。因此要管理好这些员工,对于管理者本身来说需要很高的艺术,更需要在实践中不断改进方式和总结经验。

在和别人分享自己的管理经验时,汤建良说:"要想让你的创业团队跟着你一直走下去,自身的人格魅力非常重要,让你的团队对你产生信心,相信你会带领团队实现他们的价值。最近我也遇到一些管理方面的困惑,比如如何管理新生代的90后员工,年后一批90后员工突然离职了,他们属于新生的一代,任性,没有什么压力,如何管理这一代人,是需要我不断钻研的课题。"

最后汤建良得出这样一个重要的结论：管理好自己，才能管理好别人，才能使你所在的组织或机构利益达到最大化。他是这样说，也是这样做的。MBA的班长何竞锋说："汤建良拿着比员工还低的工资，涨工资还是股东提出来的，现在都还比外聘的管理人员低，他说要到公司达到利润目标才奖励管理层。"

尽管对自己苛刻，但汤建良对员工可不吝惜。他开玩笑说，以前自己当员工时，总是埋怨公司财务给自己算错，因此自己当老板，必须发挥数学系精打细算的专业技能，不让员工们在发工资的日子埋怨公司。因此，尽管发薪由财务负责，但汤建良每次还要亲自审核，有时白天比较忙，发薪日的前一天晚上经常审核到半夜。2018年4月15日，汤建良审核完这天的员工薪资之后，发现已经是4月16日的凌晨了，在朋友圈他写下了这样一段感想：刚刚审批完上个月的工资，虽然账户里面钱变少了，但是想到我们创造的上百个就业机会，上百个家庭因为Q发屋而得到生活来源，我由衷欣慰。

2020年1月，新冠肺炎疫情爆发后，转眼到了2月15日发薪日，由于公司财务被困在老家，一时无法回来上班，工资数据无法核算。但汤建良考虑到疫情防控期间公司难员工也难，还是决定依据员工1月实际工作天数，在15日这天按时先发放大部分工资，等财务复工完成核算后，立即发放剩余工资。

自公司创办至今，汤建良几次调整薪酬制度，使之更加合理、和谐，既能让绝大多数人满意，尽量减少矛盾，又能调动员工积极性，避免平均主义。公司初版的薪酬制度，是底薪加40%的提成，但老员工觉得自己和新员工提成一样，很有意见；后来改良了一下，按照工作年限划分了员工级别，并且加入了绩效工资，根据用户评价、卫生、服务、技术等方面评定每月绩效。但由于绩效是人而非机器评定的，难免存在主观倾向，又引起部分员工不满；目前正在使用的这版薪酬制度既有保底政策，比如员工业绩没有达到6 000元的话，财务就按6 000元发工资；又有激励措施，如果超过了就按底薪加提成的方法发放工资。这样使得员工的工资既能守住下限，有所保障，又能够多劳多得。

当然，没有任何一种方案能够做到十全十美，让所有人都心满意足。为此，汤建良每次调整薪酬的时候都像在研究一道高深的数学题，绞尽脑汁。毕业这么多年他才发现，原来世界上最难的数学题和人心有关。

汤建良创办Q发屋的初衷是让理发变得更加简单，起先发型师们对快剪都很陌生甚至是抵触，招到一个员工很难，因此难以对员工质量做出甄选。后来随着大家对快剪的熟悉和接受，汤建良也提高了选择标准，他所招聘的发型师不仅要有六年以上从业经验，更重要的是价值观必须和自己相同，志趣与自己相投，简单的工作由简单的人来做。

其实，在不少传统理发店，店里派发的推销任务也给很多理发师增加了心理负担，觉得自己是在"同流合污"，经常遇到顾客的不满乃至投诉也会让他们心生愧疚。而快剪的出现让这些理发师如愿通过手艺赚钱。这在汤建良看来，是自己和发型师们的共鸣和双赢。平时在交流中，汤建良不时会向自己的员工们强调"匠人精神"，鼓励他们用自己的双手赢得顾客的尊重，实现自己的人生价值。为了培养更多优秀的发型师，2018年快剪科技与普宁职校进行了校企合作，双方合力搭建发型师成长的平台。

同时，汤建良也努力推进公司制度创新，让员工们不要把自己定位为一个打工者，从而激发他们的主动性与创造力，给员工带来更多的回报和归属感。目前，在门店的运作上，汤建良开创性地使用了承包责任制的方式，对每一个门店进行业绩考核，当达到一定盈利水平的时候，直接将该门店承包给相应的发型师，然后再由发型师提供额定的利润上交公司。虽然承包责任制早就伴随着改革开放为国人熟知，但在理发业界，却方兴未艾。

另外，汤建良也明白一个道理，现在这些年轻的发型师几乎没有谁打算像旧时代那些剃头匠一样一直干到老。很多人从刚踏进这个行业的那一刻起，就渴望着有朝一日能够放下剃刀，成为一个老板。可以说，一个不想当老板的理发师不是一个好的理发师。为此，汤建良推出了内部创业制度，发型师可以跟公司合伙开店，成立子公司，共同开拓市场，目前深圳和外地都已经产生了这样的合伙店。

发型师是公司最宝贵的财富，汤建良对此深信不疑，在他的眼中，员工们不是自己的手下，而是自己的合伙人，自己的兄弟。"岂曰无衣，与子同袍"，这里有一件事最能折射出汤建良对员工的情义。

2018年初，Q发屋的一个员工乘坐公交车到店里给人顶班。路上，他跟司机吵了起来，一怒之下，挥拳朝司机太阳穴打了一拳，司机失去控制，将车子撞到了路边的石礅上面，导致多名乘客受伤，打人的这位员工也手臂骨折。之后，这位员工就以危害公共安全罪被抓，开庭时他已经在监狱里蹲了半年。在此期间，发生了震惊全国的重庆公交坠江事件。2018年10月28日，重庆市万州区一辆22路公交车上，一位女乘客因为坐过站与司机发生激烈争执，后来甚至用手机击打司机的头部，司机愤怒地还手。双方互殴过程中，司机往左急打方向盘，导致公交车径直撞断护栏，坠入长江，车上多名无辜乘客殒命。

重庆公交坠江事件一出，在全社会的声讨下，法院对于类似的事件评判尺度也严了很多。不巧的是，这位员工打人是在重庆公交坠江之前，而法院宣判却是在重庆公交坠江之后。风口浪尖，碰到这样的员工，一般的老板往往唯恐避之不及，但汤建良却对他不抛弃不放弃，请了很好的律师为他辩护。开庭的时候，汤建良还专门去了庭审现场，看到那位员工特别后悔，哭得很伤心。按照此事的严重程度，本来至少判刑三年，好在这位员工努力赔偿，花了十几万元钱，法院才从轻发落，只判了一年半有期徒刑。

这位员工没有出事前是家里的顶梁柱，老婆在家带着一个一岁的孩子，每个月指望着他寄钱养家。这下赔了这么一大笔钱，再加上人也进了牢房，家里一下子陷入了困境。幸好，其入狱期间，汤建良坚持每个月给他家里寄1 000元钱补贴家用，一直到他出狱为止。后来这位员工从监狱里面放出来了，还专门请汤建良吃过一顿饭，或许是心里有愧，他没有选择继续留在Q发屋。

试问，以深圳之大，各种企业不计其数，能为员工雨中奔跑的老板有几人？肯为员工雪中送炭的老板又有多少？

未来的愿景与使命

从2015年8月25日Q发屋第一店罗湖永旺店开业,到2017年9月30日Q发屋第五十店华润万家春风路店开业,前后历时两年多;从2017年9月第五十店到2019年4月第一百店,历时一年半。而到了2019底,Q发屋的门店已经接近二百家。同时,Q发屋也早已走出了深圳根据地和粤港澳大湾区,南宁、郑州等重点城市都已相继出现Q发屋的招牌,未来随着快剪科技的千店战略,Q发屋还会进入越来越多的城市。

目前公司的门店绝大部分都是直营店,直营店数量已经跃居行业前列。随着直营店模式的成熟,在加强公司服务和数据化运营管理的基础上,汤建良开始尝试拓展加盟店的模式,他相信这种稳定且可复制的单店模型,已经为公司门店快速扩张做好了铺垫。快剪科技对于加盟店按单店纯利润的30%收取分成,分成在店面实现盈利之后才开始收取。公司采取全管理模式,加盟店主可以当"甩手掌柜"。以目前Q发屋多店数据来看,一般10个月即可回本,投入不大,回报稳定,无疑拥有很大的拓展空间。

2018年12月12日，汤建良在央视财经论坛见到了娃哈哈集团董事长宗庆后，他虚心地上前向老先生请教，两人留下了一张愉快的合照。宗先生的风度让汤建良深为敬佩。回来之后，他下定决心2019年要开足马力，希望有朝一日，自己也能成为一位像宗先生这样受人敬仰的大企业家。

2019年，Q发屋共服务近200万人次，平均每100个深圳人中，就有1个人享受过来自Q发屋的服务。2019年，Q发屋除了继续为腾讯、顺丰等大型企业提供上门剪发服务外，陆续中标多家大型国有企业和事业单位上门理发服务，预计2020年上门服务将超过30万人次。2019年，Q发屋组建了更优秀的管理团队，拥有硕士以上学历管理人员3人，本科学历4人，均毕业于985或211等知名高等学府，具备丰富的工作经历。2019年，Q发屋发型师超过300人，公司正致力于为员工提供更好的待遇和环境，让每个员工都能人尽其才、发光发热。快剪科技未来的愿景是"致力于成为中国最大的互联网快剪连锁品牌"，将"十分钟令你焕然一新"的使命进行到底。

2019年，汤建良还和快剪一起登上了央视《创业英雄汇》节目，向8位专业的投资人及全国观众介绍Q发屋的模式及发展方向，在出让10%股权后，现场获得联创永宣创始人高洪庆800万意向投资。这是自创业以来，汤建良和公司最高光的时刻。

前途看来是那么美好。然而，2020年1月，一场席卷全世界的疫情却给公司努力向前奔跑的热情泼上了一盆冷水。

新冠肺炎疫情防控期间，百业凋零，万户萧条，而首当其冲的第三产业尤其中小微企业更是开启了惨淡模式。在此背景下，理发行业又怎能置身事外！店面不能开业，疫情不知何时结束，公司现金流有限，如何渡过难关？看到著名的西贝餐饮集团董事长贾国龙说"公司可能扛不过三个月"的报道后，汤建良唏嘘不已：西贝尚且如此，我们这样的中小企业又能坚持多久？

这时有人私下对汤建良说，现在这情况下肯定有很多乙方拖欠甲方租金，我们如果适当拖欠租金，也是合情合理的。但汤建良却斩钉截铁地说，哪怕贷款也要按时交租，国难面前，相信甲方应该会有一些免租政策。

事实证明汤建良的决定是很有远见的，后来很多甲方给了些租金减免，特别是沃尔玛免除了2月一个月租金，减免总额超过20万，为困境中的汤建良送来了最大的温暖。而且由于Q发屋坚持按时交租，信誉度也大大提升了。

当然，相对于其他服务业，理发业在疫情防控期间对社会的贡献还是比较大的，创造出了许多段子，让心情郁闷的人们得以放松片刻。网上甚至出现了这样一个笑话，一个人打开窗户对着外面喊道：小区有会理发的Tony老师吗？这个时候一个声音响起：有，二月的春风似剪刀！

以前大家总是吐槽Tony老师不懂自己，但如今女孩子的刘海放下来都可以当眼罩了，而全国男性已经进入流星花园状态，这时大家才觉得自己前所未有地需要Tony老师！如果你问大家疫情结束后最想干什么，得票率最高的一大答案肯定是剪——头——发！这段时间，很多人不得不自学理发，以至于网上的电推剪一度脱销，但是实践的效果大多惨不忍睹。有一天，汤建良接到了一个紧急求助电话，请求立即派出一位发型师上门服务。原来，对方是深圳一所知名大学的校长助理，老婆帮他理发，理出了毁容的惊人效果。这时已经是疫情缓和期，他要出门办事，又怕贸然出门把人吓着。幸亏汤建良及时派出了一位发型师，解决了其燃眉之急。

了解到疫情防控期间大家对"头"等大事的期盼后，汤建良义不容辞，带领公司员工积极投身社会公益活动，为抗击疫情做了力所能及的奉献。2月18日，Q发屋走进交警支队，为在疫情防控期间栉风沐雨阻击病毒的深圳交警免费理发；2月21日，Q发屋走进龙华派出所，为在疫情防控期间日夜执勤守护深圳安全的人民卫士义务服务；3月9日到3月11日，Q发屋参加民治街道两新组织党工委企业员工"关爱周"行动，为民治街道辖区近20个园区的企业员工免费理发，助力复工复产。

Q发屋自创立之日起，就胸怀社会，热心公益。开业没有多久他们便走进了罗湖社会福利中心，为老人们提供免费上门剪发服务。几年来，汤建良和员工们从来没有中断过类似的公益之举，这样的情怀已经与公司的发展一起律动，成为公司文化的一部分。

面对来势汹汹的疫情，汤建良不忘守卫自家关口。他对员工说每个人管好自己的地盘，不出现一丁点儿纰漏，就是对社会最大的贡献。为此，Q发屋发布了疫情防控期间"防疫十条"，从发型师每日体温监测、佩戴口罩服务，顾客进店前体温监测、预约取号、一客一消毒、一客一清扫、客户评价等十个方面严防死守。

2月15日那天是发薪日，汤建良还是一如既往地给大多数仍被困在老家的员工们发放了工资。之后，他一个人静静地在办公室看着一篇讲述受疫情影响导致海底捞裁员和北京K歌之王解散的文章，思索着如何带领团队渡过难关。这一次汤建良没有像前些日子看关于西贝的报道时那么悲观，相反，他从"危"中看到了"机"。他写道：我必须在这一场危机中发现机会，做出改变，变则通，通则达。

汤建良对于疫情过后快剪行业的机会充满了乐观的信心。疫情必将对人们的健康和卫生理念带来一轮洗牌，而快剪具备预约、线上支付、消毒卫生等优势，在这方面，传统理发店难以望其项背。疫情过后，快剪必将迎来蓬勃发展的时机，一如当年非典之后互联网购物迅速崛起一样。"快"，本身就是一种卫生和健康的保证，"天下武功，唯快不破"，热爱武侠的汤建良对此深信不疑。

汤建良将"变"的焦点凝聚在公司名字中的"科技"二字上。他相信自己作为哈工大数学系毕业生，中山大学MBA同学眼中的"数学帝"，转行做看似和数学毫不相干的剃头匠并非"自废武功"，相反，数学在理发领域内完全可以大有作为。

通过4年多的服务积累，快剪科技已经获取了许多重要的业务数据，包括用户年龄结构、发质、理发频次、发型喜好等在内的用户特征及信息，这也为汤建良利用数学知识和数据分析拓展业务提供了大数据的支撑。未来，快剪科技可以更准确地了解顾客的需求，顾客满意的发型也会被记录下来，方便下次参考，建立个人档案，并在此基础上建立群体性乃至区域性的发型指数和潮流趋势，形成精选指南，帮助顾客迅速获得更适合自己的发型。

另外，人工智能也将被逐渐引入Q发屋的理发实践中。届时可以结合各项数据与人脸识别、VR技术提高剪发体验，通过头像扫描依据头型匹配发型，只要用人脸技术扫描一下，就能360度展示最终发型。而且可以根据潮流和时节推荐不同的发型，永远保持潮流时尚。

怀着这种美好的憧憬，汤建良第一次更换了Q发屋的logo。Q发屋从创立之时招牌上一直是剪刀Q，形状像一把剪刀，象征理发行业。现在换成了莫比乌斯带Q。把一根纸条扭转180度后，两头再黏结起来做成的纸带圈，这就是莫比乌斯带，因其发现者德国数学家莫比乌斯而得名。

莫比乌斯带在数学世界中是一个很特别的存在，原因在于它很容易被制作，娱乐性很强并且隐藏着一些令人吃惊的数学秘密。同时莫比乌斯带也是拓扑世界中最具有讲故事潜力的拓扑结构，是汤建良大学时代听了拓扑学这门课之后留下的深刻记忆。把莫比乌斯带的概念用在了Q发屋店标上，代表了未来汤建良渴望打通数学与理发任督二脉的野心。

2020年，汤建良35岁，他说自己最大的资本还是年轻，当年小西国义创办QB HOUSE的时候已经55岁，从35岁到55岁还有整整20年的时间，汤建良渴望在理发界再引领一场大的变革。或许这个目标就是机器人理发，2015年Q发屋在公司注册的时候，就雄心勃勃地把理发机器人的研发写进了营业执照范围里面。看过《剪刀手爱德华》后，相信每个人都会对影片中机器人爱德华那令人叹为观止的剪发技艺难以忘怀。让我们拭目以待，也许未来的某一天，每个Q发屋里都会安排一个"剪刀手爱德华"，如果你喜欢机器人的刺激，就可以选择"爱德华"师傅。当然，如果，你还是坚持传统，旁边也有永远的Tony老师。目前，快剪科技正研究把手动的推子升级为无级变速推子，让普通人在家也可以自己理出简单的发型，这是为以后机器人理发做的一次探索。

时间再回到2018年8月，汤建良和"铁三角"中的另外两位兄弟相约来了场西藏自驾之旅。MBA毕业之后，他们都选择了创业，经历了诸多坎坷之后，如今三人的事业都风生水起，每天过得充实而忙碌。难得彼此都能找出这么一个空档，互相商量了一下，三人决定一起去趟西藏，去闯荡世界上离天空最近的地方，登上灵魂的高地。

按照汤建良后来的回忆，这是一趟险象环生的旅程。其中有一幕让他印象深刻。在一个大雨滂沱的日子，车子行驶在318国道上。突然，前面发现山上冲下来的泥石流阻断了国道，兄弟仨在那里足足困了6个多小时,从下午5点多到晚上的11点多。最后,大家决定冒险一试,在一个当兵的老司机引领下,三人一鼓作气,终于冲出了泥石流。

汤建良说,这就是创业,只有勇敢地冲出挡在路上的泥石流,才能到达心中的高地。

后记

当我写完这本传记的时候,传主汤建良给出了两个重要的评价,一个是"我感觉写得很真实",另外一个是"没想到我这么平凡的人生,也可以写得如此精彩生动"。这两个评价综合起来是对我一个月来夙兴夜寐、笔耕不辍的最好回报,我自信写出了一个真实而又血肉丰满,平凡却又精彩纷呈的汤建良。

2020年2月底,当我接受汤建良传记的写作邀约时,心中是忐忑不安的。一则汤建良才35岁,还不到胡适写《四十自述》进行半生总结的年纪。他出生于改革开放以后中国最好的时代,不可能有老一辈那么多曲折可写。二则汤建良创业不满5年,创业之路才刚刚开始,理发看似又是一种比较单纯的行业,不可能有那么多风起云涌。我有一种面对着有限的食材,却要把它制成盛宴的惶恐,不知道这部传记最终能有多厚重。

但是,我还是接受了这个艰巨的任务。在"大众创业,万众创新"的新时代,汤建良这样的创业者是国家经济活力的重要生力军。然而,创业绝非坦途,更不像很多人想象中的风光和刺激,每一个成功的创业者背后都有成倍倒下去的同行者。我简单梳理了一下汤建良的过往,发现他的创业故事对于大多数人都是有借鉴意义的,"抄作业"具备可行性，因此我愿意尽自己最大的努力将之写出来，把汤建良一路走来的经验与教训与有志于此的人们共享，为创业者呐喊助威，这也算是我为创业创新的时代奉献的一份力量。

为此，一个月来，我每天都要像记者一样，准备一大堆问题采访汤建良。庆幸的是，汤建良尽管公司事务繁忙，但除了他开会之类的情况，基本上能以最快的速度给我回复。我们常常从早到晚在微信里谈他的人生，然后我根据对话的内容爬罗剔抉，勾勒出一条条写作线索，再动笔还原。这样的写作模式尽管效率不高，但客观上保证了真实性，因为提问往往是随机的，而回答一般是不假思索的。

汤建良是个热爱生活的人，并且勤于记录生活。从早年的人人网，到后来的微博、微信，他从未停止过记录，从中我寻找到了很多有价值的写作材料，这也是这本书能够不停地写下去的一个重要原因。一般来说，微博和微信比，前者的可信度可能要高于后者，刻意度低于后者。而这三者之中，可信度最高的无疑是人人网，那个时候汤建良根本还没料到后来要创业，更不会想到今天会写传记，里面的内容都是我手写我心。我正是从人人网传主的记述（虽然目前很多日记只剩下个开头了），看到了一个真实可爱的汤建良，他对母亲的孝顺，对家庭的责任，对同事的呵护，使我相信后来那个在雨中为员工奔跑，雪中为员工送炭的汤建良并非虚构。

本书写作时，我秉持的最大原则就是努力追求真实。传记不同于小说，没办法虚构，而作者跟传主对话，传主出于各种原因考虑，肯定也有难言之隐，甚至可能混淆事实。所以我不敢奢求绝对真实，但是作为一个有态度有原则的作者，我必须努力追求最大限度的真实。

因此，在采访汤建良的家人、同学、同事的时候，我都会反复强调一点，那就是真实性。优点固然要提，缺点也请不要隐瞒，有缺点的人才更可爱。大家不是要看一个"感动中国"式的人物，而是想了解一个实在鲜活的人生。况且，汤建良还很年轻，创业之路刚开始，如果不切实际拔高，对他今后的发展无疑会造成很大压力，反而是有害的，真实客观也是对他的负责。

老实说，我在接这本书之前还有一个很大的顾虑，那就是传主的品格和作者的声誉是息息相关的。以前，我写的都是历史上的人物，这是我第一次面对一个现实中的传主。俗话说"盖棺论定"，可实际上盖棺往往无法论定，争议在身后每每还在继续。更何况我面对的是这么年轻的一位传主，他的人生和创业之路还那么漫长。但通过和汤建良每天的交流基本上消除了我的疑虑。为子能尽孝，对家能尽责，与同学能友爱，当老板能仗义，这里有很多经得起推敲的事例佐证，即使在日常的交流中，我也能感受到他的热心与坦诚。

汤建良出生于一个普通的农村家庭，没有显赫的家庭背景，更没有雄厚的资金背景，他连买房的首付都要找同学众筹。汤建良成功的最大原因，就我认为，包括以下几点：一是他始终热爱学习，坚持投资自己就是最好的投资；一是他自强不息，自信乐观，但有进分不有止的精神；一是他勇于突破、重建自己，正是善建者良；一是他的好人缘，也就是我们常说的"人和"。至于具体的事例，书中说得很多，这里就不再赘述了。至于更多的答案，还有待读者慧眼发现。

当然，汤建良读书、就业、创业过程中也犯过不少低级的错误，有过低谷和挣扎，这些我都如实反映，一来有起有伏的人生才更精彩；二来相对成功，更应该把失败写出来，让同行者不要跌入同样的坑中。汤建良所从事的理发行业不像那些高科技行业那么光鲜亮丽，门槛没有那么高，反过来也是比较接地气的。所以，我相信他的故事必将给更多的创业者带来启发，这也是传主和作者的共同愿望。

1933年6月27日，胡适在太平洋客轮上为自己的《四十自述》作序，其中写道："我在这十几年中，因为深深地感觉中国最缺乏传记的文学，所以到处劝我的老辈朋友写他们的自传。"胡适不仅鼓励老朋友们写传记文学，为历史留下材料；他给年轻人演讲时，也不断鼓励他们读传记，因为读一本好的传记就相当于交到一个好的朋友，对自身的帮助是非常大的。

希望通过这本传记，更多人能认识汤建良这位益友，也希望更多类似汤建良这样的企业家或者创业者能够站出来，把自己的故事写出来。在中国的创业史上留下你们的一笔，这样百年之后，大家还可以从字里行间读到你们当年的风采。人生虽短暂，文字永流传。